市民の日本語

加藤哲夫

ひつじ市民新書

はじめに

「ことばはその人の中からその人の力で出てこなければ、力にならないのです。」

私は、かなりはやい時期から、ワークショップの手法を取り入れて、話し合いの方法を工夫したり、議論の仕方について意識して場づくりをしてきました。一九九一年の秋には、国際環境心理学シンポジウム スピリット・オブ・プレイス（場の精神）／仙台」という国際会議を仙台で開きました。アメリカからはネイティブアメリカンの人たちを、そして日本国内からも、宇宙物理学者から宗教家、環境活動家、自然農の実践者、アイヌの人など、さまざまな場所で環境と人間と精神にかかわる新しい取り組みをしている人々を招き、三日間にわたって三千人以上の人々が議論をしました。それらゲストの方々は、非暴力トレーニングやからだとこころのワークショップなど、一般的な話し合いの仕方やコミュニケーションの形とは少し違う集まり方と学びの方法を、それぞれ独自に実践してきた人たちが中心で、当日の会議でもさまざまな場づくりの工夫をしました。

ワークショップというのは、このところ注目されてきていますが、もともと芸術やまちづくりの現場など、さまざまなところで使われてきた新しいコミュニケーションのあり方のことで、「作業場」「工房」「共同作業」という意味があります。まだこのことばを知らない人も少なくないでしょう。最近、私の古い友人でもある中野民夫さんによる『ワークショップ』という岩波新書がでて、はじめて簡便な入門書が出たところです。簡単にいうと、私たちが学校にいた時代に経験しているような、先生が一方的に学生や生徒に向かって、知識を伝達する学習の形ではなく、その場にいる人たちが、皆で議論や決定に参加できるように工夫した話し合いや学習の方法をいいます。また、私たちがかつて習った小学校の学級会のような、意見のあるもの、声の大きなものが議論を支配し、大部分の人たちは沈黙し、最後は多数決によって何かが決まっていくような方法ではなく――ワークショップでは通常、多数決は行われない――、さまざまな形で参加した人が議論にかかわることが可能なしくみを持った場づくりの方法がワークショップであると私は考えています。この本では、私がかかわってきたさまざまな市民活動や教育の現場における場のあり方を、いくつもの事例をあげて紹介することで、市民が自発的に社会とかかわる中から言葉を獲得し、社会との新しいかかわり方を構築していくことが、私たちが生きているこの国に今こそ必要であるということを明らかにできればいいと思っています。

この本で私がいいたいことは、「参加型」の議論の方法がもっと必要だということです。そこにあらゆる出発点があります。では、どうして参加型の議論のやり方が必要とされるようになり、旧来の学校の教室のようなコミュニケーションや会社での会議のかたちでは、行き詰まりが目立つようになったのでしょうか。

近代社会は、大雑把に言えば、声が大きく論理的で理性的な人間が議論の主導権を握る社会です。その結果私たちの社会は、つい最近まで、実質的に少数のリーダーが考え、判断して、その判断に多数の人々が従っていくというスタイルでした。その結果として、経済が成長し、アメリカと経済が並ぶようになり、さらにはバブル崩壊を迎えたわけです。さまざまなことがらについて、そのようなリーダーについていくことでものごとを進めていくという社会でした。そしてそれがうまくいっていると多くの人に思われた時代だったのです。教室のような、先生が正しいことを話し、それを受けてただ理解するというコミュニケーションのスタイルは、そのような時代に適した形式として、多くの人たちに受け入れられてきました。決定するのは一部のリーダーで、それにしたがえばいいという時代。もしかするとそのリーダーは、日本の中ではなく欧米社会にあったのかもしれません。一部の偉い人のいう正しいことを理解することが何よりも尊重される社会です。

ところが現在では、そのスタイルではものごとがうまくいかなくなっていますし、そのことは多くの人が認めるところになりつつあります。正しい結論を誰かが持っているわけではないということに気がつきだしたのです。また、環境問題や地域の問題が社会の大きな課題として私たちの生活の中に立ち上がってきていますが、これは、誰かに正解を決めてもらえばすむような問題ではなくて、その地域に住む人々一人ひとりの問題になってきています。ですから、従来のようにリーダーが正しいことを決めたとしても、地域の人々が参加して納得しない限り、解決できないようになってきているのです。仮に役所が正しいことを決めたとしても、その結論が、多くの人たちに共有され、行動を共にしない限り実効性が生まれないのです。共有し、納得するためには、その議論のプロセス自体に、人々がなんらかのかたちで参加していないと難しいことは言うまでもありません。

そもそも、役所の問題設定に悪意はないのかもしれませんが、結論を市民に押しつけるような方法は、無理がありますし、役所のことばはたいてい人々の生活のことばから外れていて伝わらないし、議論もできないようになっています。それを通じることばに変えていくような場づくりが必要になってきているのでしょう。地域に何か問題があったとして、それを行政にお願いするかたちで解決するという時代は終わったのです。

たとえば行政と市民の議論の仕方について考えてみましょう。一方の側に一列に住民が並んで座り、反対側に行政側が座って話し合いをするとした場合、どうなるでしょう。たいていの場合は、相手に向かって一方的に何かを述べたり、住民の側が要望を出しても、それに対してお役所のことばで、つまり生きていないことばで公式的な見解を返したりすることに終始するのではないでしょうか。もしそれを、対面のかたちではなく、行政と住民が交互に座って、車座になり、さらには和室で、畳の上に座って話してみたら、少しは双方の意識が変わるのではないかと思うのです。住民も要望を叫ぶのではなく、行政もたんに反論するのではなく、お互いに生きた対話が交わせるようになる、そんな可能性が他にもあるのではないでしょうか。

座り方をかえるだけで、コミュニケーションの質が変わることがあります。そして、そのことは、われわれ自身がものごとの当事者になって、他人事ではなくその問題にコミットしながら考えと議論を進めていく方法につながっています。参加型のコミュニケーションとは、単に発言する権利を平等にするということだけではなく、当事者性の獲得ということなのです。そして一方的に誰かが決めるのではなく、人々が参加しながら決めていくというコミュニケーション・スタイルの提案のひとつが、ワークショップと呼ばれるものです。

いままでの議論の仕方では、声の小さい人の意見はなかなか表面に出てきにくかったと思います。声の大きさとその指摘の重要さには関係がないのです。論理的に説明できなくても、他の人が気がついていない重要なポイントに気がつく人もいます。もしかしたら、議論の前提自体を、問い直すような重大な問いかけが、そんな小さな声に含まれているのかもしれないのです。ところが、実際の議論の場ではどうでしょうか。多くの会議で、いつも話す人だけが話し、議論の内容も深められないままに、決まりきったやり方で予定された結論で終わっている場合が少なくないのではないでしょうか。

私が、岩手県で行ったあるワークショップで、模造紙とカラーマーカーをつかって、テーマに関係するトピックをそれぞれが勝手に見つけて書き込んでいき、別の参加者が連想するものを線でつないで書き込んでいくという方法を使ったことがありました。これは、最初から、優先順位を決めたり、項目間の関連を想定した上で、トピックをだしていくのではなくて、どんな人でも意見を出せる方法として紹介したのです。参加していた年配の男性が、その晩さっそく地元で地域の問題を考えようという集まりで、ありあわせの広告紙の裏でそれをやってみたところ、普段、発言してほしいといっても、なかなか発言しない人も、どんどん書き込んでくれて、新鮮な意見がたくさん出たし、大きな紙一枚に書き込みが終わった時には、それまでにない充実感で、今後の方針も出て、会も盛り上がったということを報告してくれました。こんなふうに、会議で、ただ何か意見はありませんかと聞くだけではなく、ちょっとした工夫をしてみることで、発言をしそびれている人から、いくつもの貴重な意見がでてくるものなのです。

単なる形式的な手続きとして、いつも発言する声の大きい人だけが話して、最後に多数決を取るというような方法では、議論は深まりません。また発言できなかった人は、その場に参加したという気がしないので、決定にも共感したり、責任をもって担おうという気持ちにならないのです。

これから私たちに起きてくる問題は、自分たちの住んでいる町の学校のいじめのことであったり、近くの川の汚れのことであったり、空洞化しかかっている地域の商店街のことであったり、ポイ捨てのごみの問題であったりと、誰かに解決してもらうのではなく、自分たちも当事者として関わっていくことがらである場合がますます多くなります。そこにはどうしても参加型の議論の方法、場のつくり方、そのための技術やツール、そして経験がどうしても必要になってきます。新しいこれからのコミュニケーションのあり方が求められているのです。

さて、私がどうしてこのようなことを継続的に考えるようになったかを振り返ってみると、私自身のコミュニケーションのやり方にとても欠点があったからなのだと思います。

私は、三〇代の前半までは、どちらかというと議論の場を一方的に仕切ってしまう方でした。ひどいときには、相手の発言の途中でさえぎって、相手のいいたいことを先回りして説明してしまい、反発を受けていたのです。たしかにその人のいいたいことを理解してはいたのでしょうが、その人は気分を害し、結局、一緒に何かをしていくということが困難になることもありました。そんなコミュニケーションのやり方は、結局は、ダメなんだということに気がついて、場づくりということを考えはじめたのです。ことばはその人の中からその人の力で出てこなければ、力にならないのです。

どうしたら、私が一人で仕切ってしまうのではなく、共に議論していけるかということを考えている頃に、仙台・宮城の市民活動団体のガイドブック『センダードマップ』を、私よりもかなり若い人々と共同作業でつくるという経験を持ったのです。すべて私が仕切るのではなく、それぞれ分担を決めて任せてやってしまうというプロジェクトのやり方をとったのですが、そのときに、そうか、全部を仕切らなくてもできるし、そういうやり方は心地よいものなんだなと身体で実感したことが大きな収穫になり、その後の私のコミュニケーションや組織のつくり方の方向性を決めたのです。

さらにディープエコロジーという考え方を日本に紹介する運動にかかわりができ、その中で、最初にも触れたようにネイティブアメリカンの人を呼んだ一九九一年のシンポジウムで、数百人が車座になって話し合いをするという経験をもちました。そのころには、国内でもあちこちにそれまでとは違ったコミュニケーションのやり方を模索する動きがあり、先進的な人たちを招いて、いろいろなタイプのワークショップを同時並行的に開催したのがそのシンポジウムでした。

たぶん、新しい市民社会を作るための提案を行うと同時に、運動や組織の内部で、そして異質な他者との対話の中で、新しいコミュニケーションの方法を生み出す必要があるとそのころから感じていたのだと思います。たとえば、私が関わっている東北ＨＩＶコミュニケーションズというエイズ問題に取り組むＮＰＯ（民間非営利組織）では、以前から、ボランティアスタッフのワークショップのかたちで会合や研修を開いていて、その時々の経験の中で互いにたくさんのことを学んできました。私一人のアイディアだけではなく、そうした開かれた議論の中で、意外な人から意外なアイディアが生み出されていく驚きが必ずあります。その場合、私も主宰者でもあったけれども、その場によって私自身も学んできたということです。

さらに、ここ数年は、特定非営利活動法人せんだい・みやぎＮＰＯセンターという中間支援組織を立ち上げ、各地のＮＰＯをサポートする仕事をしています。組織のマネジメントやＮＰＯがかかえるさまざまな問題を解決するための研修の中で、いろいろなワークショップを行ってきました。その中で学び、発見したこともあります。

コミュニケーションの問題を解決することは、人と人、人と組織などの社会の問題を根底から変えていくということです。私たちが日常話していることば、普段のコミュニケーションを作り変えていきたい、私たちが話しているこの日本語というものを、もっと力強い市民のものにとりかえしたいという願いを持って本書を書きました。この本が、新しいコミュニケーションのための場づくりに役に立つことを祈っています。

目次

子どもの可能性

「中学生会議」という名前のワークショップをしたことがあります。大人が一〇人くらい、中学生が三〇人くらい、全部で四〇人くらいの参加者でした。ほぼ半日くらいのコースでのワークショップをやりました。会議のタイトルは「町の将来を担うみんなの会議―いま始まる私たちの時代」というもので、地元の青年会議所が主催したものです。企画の目的そのものが、中学生が社会にどうやって関わっていったらいいかを考え、積極的に行動するきっかけにしたいといういささか抽象的なものでした。その中でお互いにいろんなことを話したり、グループでまちづくりの企画を考え、公園や道路や街のあり方について話し合うという場づくりをしました。また、二人ずつ組になってインタビューをしたり、テーマについて書くことをしたり、それを書いて発表したり、途中で私がコミュニケーションについての話をしたりというようなことを織り込みました。

主催したのは主に青年経営者の方々がやっている仙台の青年会議所です。この青年会議所は、長町という商店街の人たちと組んで、小学生のインターンシップといって、商店に行って一日とか半日とかお手伝いをするということを、たくさんの商店に賛同してもらって、一種の体験学習のようなことを仕掛けるような事業をしたりしているんです。もともと地域の青年団体として青年会議所はいろいろなことをやっていて、大きな意味で「まちづくり」に取り組んでいる団体です。たまたま仙台ではこの時期子どものことについて熱心だったのですが、その小学生インターンシップというのもなかなか面白いアイディアですよね。

青年会議所の事業というのは、毎年一年限りの委員会ができ、その年ごとにテーマが変わるんです。その年（一九九七年）のイベントが「中学生会議」だったので、私が講師を引き受けて、「こんなことをやってみましょう」ということになったんです。

内容は、中学生だけではなくて、だいたい二〇代と三〇代くらいの青年会議所の方たちも一〇人くらい混ざった、二つのグループの合同のワークショップでした。そもそも「中学生と大人のコミュニケーション」また「中学生同士のコミュニケーション」ということを、集団で具体的に体験しあうという機会はなかなかありません。普段のコミュニケーションは、大人と子どもであっても中学生同士であっても、劇作家の平田オリザさんが「会話」と「対話」の違いについて書いていますが、普段の会話は、「おう、今日いいお天気よね」「そうね」「調子はどう?」みたいなものです。つまり、もともとよく知り合っている者同士だからわかりあえるやりとりや、あまり中身のない、それほど意味のないことを喋ることによって人間関係の距離を保つための「会話」を普段は交わしている。でも、初めて出会う人との「対話」とか、第三者にもわかるような言葉とか、より深いコミュニケーションということ自体をあまり私たちは味わっていないんだろうと思います。そこでこのワークショップでは普段とは違った、初めて出会った他者とのコミュニケーションの糸口というか、「対話」的体験をしてもらって他人と自分の関わりについて考えてもらおうと思っていたんです。

その中のエクササイズのひとつに、二人ずつ組になって約二〇分ずつ相互にインタビューをするということをやってもらい、それをカードにまとめて書いて、相手の確認を経てからグループの皆に発表するということをやりました。(この手法は、らくだ教材を開発したセルフラーニング研究所の平井雷太さんが講座などで展開しているものです。）そして、一人が発表するのを他の五人は（このときはちょうど六人一組でしたので…）きちんと聞くということ。さらに、聞いて、感想を書くとか、またそれを発表するとか、いろいろやってもらったのです。

それから、「よい公園をつくるにはどうしたらよいか」などのテーマを皆で選んで、それについてディスカッションをし、グループで考えをまとめてもらうということもやりました。途中で五〇分くらいは私がレクチャーで喋っている時間もあったので、そこではかなり難しいこと、普通は中学生向きに喋るようなことではないと思われていることについても話しました。終わった後に全員にカードに感想を書いてもらって、そのコピーを後日、人数分つくって参加者全員に配って読んでもらうということもしたのです。

感想を見て感じたことがあります。それは、非常に典型的だというか、「あーなるほどな」と思ったのは、そこで寄せられた感想で、中学生と大人とでは書いたことがとても違っていたことです。大人の側は、主催をしたという意識も強くあったと思いますが、「子どもたちには難しかったのではないか」などと書くばかりで、「自分がそこにいて何を感じたか」ということを書いたものがほとんどないのです。自分の感じたことが書けない。人の世話をすることばかりを考えている。

一方、子どもたちの感想は、かなり難しいことを聞いていたのにもかかわらず、一つ一つのことを自分の体験とか感覚に引き寄せて書くということが、しっかりできていたのです。一人ひとりのナマな気持ちが出ていて、とても素直です。いくつか子どもたちの感想から引用します。

「コミュニケーション＝聞く、話す、書くという単純な作業でコミュニケーションがとれていると思う。これらのことを大切にしていきたいと思う」

「自分が相手に興味をもてば、相手も私に興味をもってくれるということが実感できた」

「評論家もどきになって悦に入っている自分の姿に気がつきました」

こんな感想を見ていると、今の中学生のコミュニケーション能力や人間関係について、いろいろな批判があって、よく「ダメだ」というふうにいわれるんですけれども、わたしはそうじゃないと思うんです。ちゃんとした「場の設定」、あるいは働きかけがないからやりとりができないのではないか。「会話」でもなく「お説教」でもなく、彼らにまともに届くような言葉というようなものを、大人も教師ももっていないという言い方でもいいかもしれません。あるいはそういう身振りをもっていないからなのではないか。そのために一見やりとりができていないように見える。そういうことの問題が露呈しているだけで、ちゃんとそういうことが可能になれば、随分違うんじゃないかと思うわけです。

そのときのコミュニケーションのやり方が子どもにとって新鮮で、おそらくものすごくたくさんの発見があったのではないかと思います。感想の中でもそれが示されています。例えば「コミュニケーション＝聞く、話す、書くという単純な作業でコミュニケーションがとれていると思う。これらのことを大切にしていきたいと思う」という感想はコミュニケーションが、聞く、話す、書く、読むという非常に単純なことによって成り立っており、それが結構難しいんだということが自覚されたのでしょう。「自分の発言が近付いてくるのかと思うと、ほとんど他人の発言は耳に入らないという状況に気がつきました」という感想もありました。すごいと思います。ここでこの子どもが気がついているのは、人の話を聞くことの難しさということです。また「評論家もどきになって悦に入っている自分の姿に気がつきました」という感想のように、自分がその場で陥っている状況をその後の感想に書けるということは、自分を見つめることができているということです。その時、自分をどっかにやってしまって、他人事の感想を書いてしまっていた大人たちに比べると、ここにはずっと新しい可能性があると思うんです。大人はその自分の貧しさに気づかないといけない。保護者のように子どもたちが理解できたのかということを心配しているだけで、自分自身が感じたり、理解したこと、理解できなかったことを書けていない。感じていることに気づいていないと私には見えました。これは一回きりのイベントだったので、その後、参加した中学生がどうなったのかには関われませんでしたが、教室であるとか、親子であるとか、地域であるとかで、こういうコミュニケーションのレベルが、ごくごく普通にやりとりされる可能性があるならば、人と人との関係は変わってくるのではないか。学校も地域も変わるだろうし、人間関係も変わるんじゃないかという気がします。

他人との間で自分を確認をする

子どもたちだけのことでは全然ないんですが、非常に難しいのは、自分がもっているコミュニケーションの質や方向性、枠みたいなことを、他人との間で確認をするというようなことが、いま非常にしにくいことになっていることだと思います。自分がもっているコミュニケーションの質や方向性、枠というのは、いつのまにか身につけてしまったクセのようなものでもあるし、人によって違う色メガネで世界を見ていることに無自覚な状態のことでもあります。このワークは、ちょうど、大人と中学生が直接インタビューしあって、二〇分ずつ喋るということをしたわけですね。ですからそういう体験も珍しいだろうし、もうひとつ、四時間ものあいだ話はしているけれど机に座っているわけですから、途中でうんざりしている顔をしている子もいれば、居眠りをしている子もいるわけで、実際は、かなり大変だったろうと思います。それでも、こういう会議に来るくらいですから、親にいわれたり、周りの人にいわれたりしてきてたりするんで、真面目な子たちだとは思うのですが、それでも集中できない状況であったり、居眠りをしているように見える状況であるにもかかわらず、そういう子の感想も実はやっぱり非常にポイントをついて自分を見つめているんです。それを見るとすべての時間、集中していないように見えるのは、問題ではないのではないかと思います。よそ見をしていても話は頭に入っているとか、今はそういう状況なんです。いつも脇見をしているから、見ていないということではない。逆に常に脇見があるから、何かが見える。だから形が整っていないということで子どもたちを非難しても、これは今は難しいんだろうと思います。そのことは自分が子ども時代を振り返っても、中学生くらいで四時間全部集中していられたかっていうと、できなかったですよね。ノートの隅に落書をしたり、となりの子とおしゃべりをしたり、窓から外を見ていたりしていた。だから、大変難しいことをやらせているわけなので、形式的な集中はできなくても不思議ではないのですが、それにも関わらず、そこに逃げ出さずにいたということは、ちゃんと集中しているということですから、そういうことをきちっとみてみると、今の子どもたちも「おお、なかなかやるな」という気持ちになりますね。私はこういうことで子どもたちから教わることが随分ありました。

人の話が聞けるようになるテクノロジー、トーキングスティック

また、グループ全体で、まちづくりのテーマを選んでディスカッションをしてもらうこともやりました。その時に、たとえばディスカッションを六人のグループですると、特定の人がずっと喋っている危険性があります。それをさけるために「トーキングスティック」という、流木なんかをもって、もった人だけがずっと話をしていいという、ネイティブアメリカンの人たちの使う方法があるんです。それを、たとえばぬいぐるみとか鉛筆とか、何でもかまわないんですがトーキングスティックの代わりにして、一人ずつそれをもって与えられたテーマについて自分の意見を話す。他の人は黙っていて絶対に割り込まない。終わったら次に話したい人が話す。そういうやり方をグループでやってもらったんです。そうすると、それは普通に、誰かリーダーとかの「喋れる人が喋って聞く人は聞いて、わからない人は喋れない」というのとは全然違う、自分は「その問題についてどんなに稚拙なことであっても思っていることを時間が保証されてちゃんと聞いてもらえて喋れるという体験」ができるわけです。そうすると、たったそれだけでその場が今までとは違

う次元のコミュニケーションの場になるんです。何かが違う体験をするのですね。

私自身はこのトーキングスティックを使うやり方を、九一年に、国際環境心理学シンポジウム「スピリット・オブ・プレイス／仙台」という不思議なイベントを仙台でやったときにネイティブアメリカンの人から直接習いました。

トーキングスティック（写真中野民夫氏提供）

そういうやり方には心理的にも文化的にも非常に深いものがあります。これは今、環境教育なんかで「魔法のマイク」という言い方で使われているやり方でもあるのですが、ただのテクニックではないのです。非常に精神的に深いものが先住民の人たちの文化の中にあるのですね。一種のコミュニケーション・テクノロジーなんです。テクノロジーと言っても、世界観というか宇宙論的なものを含む身のこなし方のような意味でです。彼らはある問題について話をしたいというときに、まず丸く輪になって座って話をします。ヒエラルキーのない座り方をする。そしてトーキングスティックを真ん中において、話したい人がまずそれを手にとって、深呼吸をして、ゆっくり話す。普通議論というのは、ディベートも一緒ですけど、自分の主張を通すためにやるわけですから「勝つためにやる」とか「相手をやっつけるためにやる」というのが非常に多いんです。敵がいて喋るということになります。ところが、ネイティブアメリカンの人たちの根本的なやり方は、「場の神様」というか「場の精神（スピリット・オブ・プレイス）」に向かって話すというのに近いのだと思います。誰かをやっつけるために喋るのではなくて、「神のいる場に向かって真実を話すんだ」という精神のありようを、トーキングスティックという棒一本がつくり出すんです。

このような方法を導入すると、場における議論の方向性は変わってくるし、それを語っている人の自我のあり方が変わってくるといってもいいと思います。「勝たなきゃいけない、やっつけなきゃいけない」という議論ではなくなるということが、その場のコミュニケーションの質を変えるわけです。しかも、誰かが話しているときには、遮ったり非難や攻撃ができないというルールになっている。それをもった人が、極端にいったら三時間喋っていたかったら、みんなは聞かなきゃいけない。もともとのルールはそうらしいんです。トーキングスティックをもっている人に喋る権利が、というより神様が宿っているという感じなのです。で、あとの人は黙って心で聞きましょうということになっている。そうすると初めて言葉が届くんですね。自分とは違う意見であっても言葉が届くわけです。私たちのコミュニケーションでは、これが今できないということです。振り返ってみると、さきほどの中学生の感想にあった、「次に自分が話すことが控えていると思うと、ほとんど他人の発言は耳に入らないという状況に気がつきました」ということは大事な発言です。中学生がここで発見したことを、普段私たち大人は、自分で発見していないのだろうと思うのです。よく簡単に「人の話を聞きましょう」ってみんなお説教ではいいます。けれども「他人の話はなぜ聞けないか？」と考えるべきでしょう。その上、「人の話が聞ける」ようになるテクノロジーというのは、あるいは身体技法というのは、実は誰もちゃんと教えてくれていないのではないでしょうか。トーキングスティックというものは、そういう意味で、われわれ近代文明が失ってしまった、あるいは持てなかった非常に重要な知恵、コミュニケーション・テクノロジーだと思います。

他人とのコミュニケーションというものをもっと甘く見ていた

そういうことをいくつか体験してもらったんですね。そうすると、この中学生の感想にもあるんですが、「今日僕は社会、他人、コミュニケーションのことについて考え直させられた。自分でも何回か考えたことはあるが、ここまで深く考えたことはない。なぜならこういう他人とのコミュニケーションというものをもっと甘く見ていた」と書いてあります。これもすごいですね。「甘く見ていた」っていう言葉がでてくるのはすごいと思います。ここには深い自省というか自覚が生まれているわけです。この人にとってはこういうふうにしか言いようがないんだろうと思いますが、ここには何かが、非常に大きな変化が起きている。とてもだいじなことは、この人は評論していないということです。わかるとかわからないとかいう次元とは違う。自分が他人という、そして社会という何かとてつもないものに対して、ただ甘く見ていたんだということに気づいているんですね。こういうことに気づくというのは、そしてそれを表現しているということは、こういう場の非常に大事なことだし、これなしでは教育とかコミュニケーションというのは成り立たないんだろうと思っています。

たった四時間くらいの、中学生三〇人ほどとの場づくり体験だったわけですが、すごくいろんなことがここではあったんじゃないかと思います。そういう意味ですごく豊かな場で、わたしも目が覚めるようなことがたくさんあったんです。中学生がこんなにちゃんとした感想を書いてくれるとは、その時まで私にもわからないわけです。そのたびに驚くのは、どんな人の中にも、一人一人が本質的にこういうことを人間の中にもっているんだということなんです。子どもであっても、というより、むしろ大人は、私を含めていろいろなヨロイカブトを身につけてしまったために、感じること、それを表現することが、かなり難しくなっているということを実感します。

セルフエスティーム

私がかかわったワークでは、基本的に、「私がもっている答えが正解で、それを参加者が答える」という構造にはなっていません。さまざまなコミュニケーションというものを実感してもらって、そこで感じたことを参加者同士でもやりとりしてもらうことで、相互に学びの場がおきるという場をつくっているので、私がもっている答えや知識を伝達するということをワークショップでは目的としていないのです。ですから、参加者の感想が、そういうふうにはなっていないんです。一人一人が自分の中で、起きた現象の中から何かを切り取ったということだと思います。

青年会議所の時の別の中学生のすごく典型的な感想をあげると、「ずっとイスに座っていたのに、図書館でいろいろな資料を集めて一つ一つ目を通していき学んでいくように、なんだかたくさんのことが自然に頭に入っていったような不思議な体験でした」と書いている人がいます。つまり私が先生として話をして、そこで聞いて何かを教わったとは全然感じていないのです。こういうのが、一種の場づくり、コミュニケーションの場づくりだと私は思っているんです。この感想の数行の中にそういうものが潜んでいるように感じるわけです。

では、学校の教室という空間で、こういうことはできないもんだろうか、ということはもちろんあります。ホームルームか何かで、こういうコミュニケーションをやっていればすごくいいいんじゃないかと思うんですが、なかなかそういう技術や考え方自体を、今の教員養成の学校でも教えないということもあって、先生方があまり使えないですね。文部科学省などのいわゆる公教育の仕組みの中では、「何に到達させるか」「何を教えるか」という狙いとか目的とかが、事前に非常に明らかに用意されていて、それが授業の落としどころになってしまい、その答えに生徒を誘導するみたいな側面がすごくたくさんあるのではないでしょうか。先生の方も、落としどころを生徒が言ってくれると生徒が理解したと思ってしまいます。道徳教育などにもそういうところがあります。

自分に対する思いやりはないのか

私はエイズの問題にずっと関わってきました。それで、小学生の道徳教育の一環でエイズとかＨＩＶのことがはいっている授業のお手伝いをしたことがあります。そうしたら、事前の打ち合わせで知ったのですが、小学校の道徳の到達目標というのが、ずっと一年生から六年生までの全部に「他人に対する思いやり」というふうに書いてあるわけです。これはある小さな十五、六人くらいの教師のいる小学校に、エイズの教育についての教員研修に頼まれていったときにわかったことなんですけど、その方々たちに「一体、自分に対する思いやりはどこにいったんですか」って聞いたことがあります。最初、きょとんとして、私の言っていることがまったくわかんなかったようです。どういうことかというと、他人に対する思いやりを六年間強制させられ続けているということは、とても恐ろしいことではないでしょうか。自分というものに自信をもち、自分というものを大切にしていてはじめて、他人を大切にすることができるという側面を人間はもっているわけですので、少なくともその両方が半々くらいに感じられるようにかっていないと話にならないだろうと思うんです。

また、先生方の大部分は、子どもにエイズの知識を教えますが、自分自身が感染した場合にどう行動できるか、そのとき学校の中でどのようなことが起きるか、決して想像していません。他人事としてエイズを教える行為そのものが、このような問題についての他人事の子どもをつくります。

別の小学校の授業の中でのことですが、エイズの授業をしたことがあります。小学六年生ですのでまだ性交渉の話はしていないわけですが、一応「エイズとはどういう病気で、血液を介してうつる」などの基礎知識は、学校の先生に前の時間にやっていただいていたんです。そこへ私が行って、実際に患者さんたちとつきあいをしている人間として、エイズのことについて、様々な社会の問題とか、いろんなことを語ったわけです。

そのなかでやったワークは、このようなゲームです。先生と協力してカードをつくってくじみたいにして、カードに学校の先生であるとかお父さんであるとかお母さんであるとか、兄弟であるとか、あるいは仲のいいお友達であるとかいつも自分をいじめる嫌なお友達とか、いろんな周りの人々のことを書いておいたんです。それをくじで引くようにしたのです。あらかじめエイズについての簡単なお話をした上で、「もし引いたカードに書いてあったその人がエイズという病気であるということを聞いたら皆さんはどんなふうに感じますか」ということを質問しました。で、「どんな感じがするか」「何を感じたか」ということを、画用紙とマーカーを配って書いてもらうということをやったんです。その時に「感じたことを書くんですよ」と言ったんです。「正解を書くのではなくて、だって正解はないんです、感じたことを書いていいんですよ」といったら、何人もの子どもが「本当に（感じたことを）書いていいんですか」と聞くんです。これはやっぱりショックというか、すごいなと思ったんですね。

「感じたことをそのまま書いていいんですよ」といったら何人もの子どもが「本当にいいの？」と声を上げるわけです。だからそれは、何か正解があってそれを当てるというか、正解を書かなくてはいけないんだというふうに小学校一年生から六年生まで思い込まされているということです。たとえばさっきの「他人に対する思いやり」というのも、到達目標なんですけれども、先生の中でそれが正解になっていると思います。そして子どもにそれを言わせようとするというか、それを当てさせる授業になっている。そうすると子どもはそういうことにとても敏感ですから前もってわかるんです。だからそれを簡単に当ててしまいます。

だから内側から「感じる」のではなく外側の正解を「当ててしまう」わけです。これを繰り返すと、セルフエスティーム（自尊心・自負心）が崩れていくわけです。それで「感じたことを書くんですよ」と言ったら「本当にいいの？」と何人もの子どもが言ったっていうことは、かなり衝撃的なことですよ。「いいですよ、何書いてもかまいません、怒りませんよ。本当にその時に感じたことを書いて下さい」というふうに言ったんです。そうしたら実にいろんなことを書いたんです。たとえばお母さんとか、大事な先生が病気になったと聞いたら「かわいそうだ」というのがかなりあるんです。「かわいそうだ」がかなり多かったです。もちろん「悲しい」とか感じることをちゃんと書く子もたくさんいたのですが、かなりの子は「かわいそうだ」と書いているんです。その中に一枚「ざまあみろ」っていうカードがあったんです。「ざまあみろ」っていうのは、実は「自分をいじめる嫌な友達」というカードを引いた子だったので正直にそう書いたんですね。

一人ずつ一枚のくじを引くので、その人によってカードが違うんです。そこには個人名は書いていないですが…。そうすると、嫌いな子の顔でも思い浮かべて「ざまあみろ」って書いた子がいたんですね。これは恐らく手を挙げて喋らせたら、なかなか喋らないと思うんです。感じたとおりに、しかも書いていいということなので書いているわけです。この画用紙を黒板に磁石で全部貼ったんですす。そして一枚ずつ読み上げたんです。そこでは「ざまあみろって書いた人もいますね」と確認をするんです。でも、絶対に私はそこで、「悪い」とは一言も言わないんです。ここで「カードに書く」というのが非常に大切なんです。これは三十何人かの子どもたちが「人の顔色を窺わないで自分の感じたことを書く」、それから「誰かが言ったから、その後追いをして発言をする」とかそういうことが必要なくなります。というかできなくなります。書く瞬間は人間は一人になれるというのがすごい大事なことなんです。一人になるというのがあって、初めて「個」というか「個人」や「自我」が育つ。一番大事なことは、一人になって小さな決断をするということ、そしてその決断の結果を誰かのせいにせず引き受けることなんです。

個人になるためにはこれを日々積み重ねるしかないんですが、今私たちは「世間」という枠組みで動いている以上、他人の顔色や人の判断を気にして生きているわけです。しかも特に最近は周りの目を気にする傾向がひどくなっているわけです。ですから、コミュニケーションはいま「自己チュー」と「世間」の縛りの間で引き裂かれているかもしれません。

そんなときに一人で決断をして、どんな失敗をしてもいいから、自分の感じたことや判断というものをオープンにしていく。つまり、バルネラブル（vulnerable『ボランティア／もうひとつの情報社会』岩波新書で金子郁容氏が提示した概念で、「ひ弱い」「他からの攻撃を受けやすい」「傷つきやすい」という意味の言葉）になる。攻撃されやすくなり、傷つきやすくなることで、他者とのかかわりのための、コミュニケーションのための窓が開くのです。そのとき問題なのは、その場が、それを頭ごなしに否定しないということです。そういう「評価」を一気にしてしまうと崩れてしまいます。怖いから、非難されるから自分を抑えていく、窓を閉じてしまう。そうするとコミュニケーションの回路が閉じてしまうという間違いが繰り返されているわけです。

この授業では、黒板に一人ひとりの生徒の感じたものをそのまま貼り出すという形をとりました。繰り返しますが、その中でどれが正しいとか、どれが間違っているとかということは一切言わないのです。しかし「ざまあみろ」という人もいたという事実だけは誰にも見える。それからもしお母さんがそういう病気だったら「とてもかわいそう」と思う子もいた。それから「悲しくて泣いちゃう」という子もいたということをまずみんなに味わってもらうということです。

そしてそのあとでどうしたかというと、もう一度画用紙を配って、このたくさんの言葉が、病気になった人たちに対して向けられていることを確認する。彼らに対してあなたたち一人ひとりが思っていることがここにありますね、と。それでは「あなたたち自分自身がいま、この病気にかかっていることがわかったとしたら、お友だちは、お母さんは、先生は、きっとこの黒板に貼りつけてあるようなことをあなたたちに対して感じるんですよ」ということを言ったんです。立場が逆転するわけです。つまり、他人に向かって批判していた人が、他人に向かってかわいそうだと言っていた人が、「自分が憐れまれる」あるいは自分が「ざまあみろ」といわれる立場に立つということをわかってもらうようにしただけです。そして「みんながボードに書いてあるように感じているとしたら、今度はあなたたちはそれぞれどう感じますか」ということを聞いたんです。そうすると、一番印象的だったのは、「かわいそうだとは思われたくない」という子がたくさん出るんです。これが一番印象的だったですね。その中にはおそらく人に向かってかわいそうだと思った子もいたんです。そういうことなんですね。

人間は、人に向かってかわいそうだと思えるんですね。しかし、自分が憐れまれたくないという感情ももっているんです。プライドのようなものです。この二つが一人の中で、あるいは教室という場の中でその瞬間に衝突をしたわけなんです。ここからおそらく子どもたちはなにかを感じたと思います。これは、正解はないんです。憐れんでもいいし、憐れまれたくないと思っている自分もいる。あるいはかわいそうだと思ってほしいという子もいるかも知れないのです。なぜならこれは一人一人の生き方とか感じ方の問題ですから、答えはない。ただし、人が、他人がどう思っているということ、そして自分はどう感じているかということが、明らかになるということです。ここで初めて自分というものがわかるわけです。そして関係というものがわかってきて、コミュニケーションが実はそういうとてつもなく違う人間の中で行われているということが感じられ、見えてくるのです。

ただそれだけの授業なんですが、子どもたちになにかを感じてもらったんじゃないかと思うのです。このやり方も、全ての授業で同じようにすることはできませんが、たまたまこれはそういう程度のやり方で、別にこのやり方がすばらしいっていうのではなくて、正解があんまりないタイプのこと、生き方や人々の道徳や意識、そういうことに絡むこと、人間の関係とかコミュニケーションというのは正解を押しつけるっていうことでは絶対に学べないものがあるわけです。

その場所そのものが、安全なコミュニケーションの場を作るということ、そしてもちろん安全ではあるけれども、相互には傷つくかもしれない。そこで先生がリーダーシップをもって傷つけたらいけないわけです。一方的に評価してしまうというのはそういうことになる危険性があります。そこのところが問題なんですが、相互には、たとえば「ざまあみろ」と書いた子によって、傷ついている子もいるのかも知れません。「かわいそうだ」っていうことを自分が傷ついてやだなと思ったかも知れません。コミュニケーションというのはそういうことですから、傷ついたらいけないっていうと何も始まらない。そういうことを相互で感じられるような安全な場そのものを普段の生活の中に維持していないと、なにか伝わっていかないと思うんです。

これは年にいっぺんの公開授業だったのでこんな状況だったんですけど、こんなのは公開授業ではなくて、ホームルームや日常の授業のなかで学校の先生たちが上手にいろいろな形で導入していってくれたら、もっともっといろいろな形でできるんじゃないでしょうか。子どもたちは、さきほどの中学生と同じようにかなりのことが自分の力でわかってくるのではないか、感じられるんじゃないかと思います。

正解は外側にあるという奴隷の原理

セルフエスティームとは「自分自身の価値を認め、自分が好きであり、自分を大切にできる」という、日本語になりにくい言葉なんですけども、私たちの社会はこれをむちゃくちゃに壊しているんじゃないか。特に近代教育の「正解は外側にある」という枠組みがこれを壊しているんじゃないかと思うんです。セルフエスティームを育てたりはぐくむということは、近代教育の枠の中とは違った場や空間をいかに上手にしつらえていくかです。それがないとセルフエスティームは育たない。「ほめる」ということでそれをやろうという主張もあるんですが、「ほめる」というのは「けなす」というのと同じであって、他人の評価によって自分を獲得するということなので、これでは大差ないです。もちろん他者によって自分がみえるからセルフエスティームは形成されるわけですが、その他者のみえ方というのが「ほめる」という行為によってしか見えないのでは、その他人の評価と顔色を気にする人間を作っているに過ぎないんです。これは根本的にはセルフエスティームが育つとは言えないわけで、ほめられもせず、けなされもしないのに、あるいは誉められようが、けなされようが、自分が自分であることを肯定できる状態があり得る、ということを土台におかなくてはいけないと私は感じているわけなんです。

おそらくそれは、エイズのことでなくても、様々な子どもたちとの議論の中で、話し合う場面で、手を挙げて誰かをやっつけたり、「なんとか君、違うと思います」みたいな、学級委員会方式と呼ばれるような、子どもの討論の場というのが、唯一の方法ではないんだということなんです。

議長がいて、討論して、多数決で決めます……。アメリカの考え方で戦後民主主義が日本で導入されたときに、多数決と一緒に、きちんとした個人が、意見を発言し、相互にやりとりをして議論を高めていくというやり方が、一応は導入されたと思います。それが今では非常に形式化しているんじゃないでしょうか。決して全部がダメだとは思いませんが、そういう中にはたとえば、本当の意味で他人に届く言葉を磨くとか、他人の言葉を受けとめるにはどう聞いたらいいかとか、議論のシステムを維持するためには、そういう能力を高めていくための何かが必要なんです。それが出来ていないまま、形式だけが一人歩きしていくということが続いてきたのではないかと思います。そのとき他人に言葉を届かせるとはどういうことか、あるいは受け取るとはどういうことか、感じるとはどういうことかなどを磨く必要があるわけです。さっきのワークショップでは、感想を書くときに「感じたことを書いて下さい」「感想の感は感じるの感ですよ」と限定をつけて言っているわけです。「私に謝辞を述べたりする必要はありません」と、そうではなくて「あなたのなかに何が起きたかということを書いて下さい」と言うのですが、大人の中のかなりな人は、何を書いていいのかわからないんです。つまり、その人の心の中で何かが起きていることに気づいていない。つまり言葉が届いていないように見えます。それはもちろんしゃべっている私の方にも問題はあると思いますが、受け取る側の受像器というか感度が悪くなっていると思います。これがものすごく露呈していると思うんですね。つまりたとえば感想を一枚書いていただくときも、「あなたの中に何が引き起こされたか、あるいは何を発見したか、あるいは何に気づいたか、ということに焦点を当てて書いて下さい」というようなことをその度にかなり限定した形で言わないとならないのです。「ありがとうございました」とか「つまらなかった」とかは余計なことです。つまらないかも知れませんが、じゃあ、何のどこがどうつまらなかったのか、どうすれば良くなるのか。あなたはそのつまらなさを一時間味わっている間に何を感じていたのか。そういうことを書いて欲しいわけです。そこからしか始まらないんだ、と言います。ですから論評して、他人事で「あの先生の講演つまらないね」っていうなら、途中で手を挙げてつまるようにしたらいいじゃないですか。話を聞いている人にはそういう権利があるわけです。なのにやらないということは、そのつまらない場の共犯者です。場にいるということは、それによってその場をつくっているわけです。にもかかわらず「その場の私も当事者なんだ」と思っていないということなんです。観客なんです。どうもあらゆる場で人は観客なんです。自分自身が当事者ではないものの考え方をする。これが変わらない限りコミュニケーションは変わらないと思います。ですから私は講演の時でも、感想を書いていただこうと思っているときにそういう言い方をしているのは、感じるということをベースにする。人が「自分が自分である」というセルフエスティームの一番の中心的な概念のベースは「人と私は感じているものや感じ方が違う」「私にしか感じられないことがある」ということなのだと思います。

知識は、統一できるんです。理論は統一できるんです。でも、感じていることは統一できないのです。個によって違う。一人一人全部違うわけです。つねったときの痛さも違うんです。その「感じる」ということが、「人間が人間で、私が私である根拠」という、身体性ともいえる一番の土台ではないでしょうか。これを失ったら、コンピュータの中の理論や知識が「私」になってしまうわけです。だから、なにものにもゆずれない土台というのがここにしかないわけで、いま圧倒的に多数の人がそれを失いつつあるわけです。「何を感じているか」について気づかないという状態になっているんです。大人に比べると子どもたちは、はるかにつまらないヨロイカブトが少ないわけですから、感じていることを表現しやりとりすることで、それに気づく可能性、豊かなものを感じる可能性があるわけです。

学習塾でのエイズの話

知り合いがやっている学習塾で小学校五年生から中学校三年生くらいまでの十数人に、エイズの話をしたことがあります。たまたまその中には車椅子の子がひとりいたでしょうか。エイズ一般の話をしにいくというよりは、九五年一一月ごろのことなので、まだ実はこの時点では、エイズという病気は死と直結する病気だったのです。最近、ここ二〜三年くらいでようやく投薬法が開発されて、医療も整備されたということがあって、かなり長生きできたり闘病生活が出来たり、社会生活が出来るという病気に変わりつつあるわけです。でも、当時はそうではなかったわけです。ちょうどそういうときに、薬害エイズの和解が九六年三月に起きる。私も支援活動で仙台からバスを一台仕立てて行っていたのですが、二月に厚生省の前で座り込みなんかをして、三月に裁判の結審があってようやく和解になる。当時は九五年三月頃から川田龍平くんが東京原告としては初めて実名を明らかにして登場し運動が盛り上がりつつあった時期です。大阪原告の方はそれより前に何人もカミングアウトしているんですが…。で、彼が出てきて、若いということもあって注目されます。ただ、彼が出てきたからっていうんじゃなくて、その前の七～八年の長い、見えない闘いがあって、その蓄積がちょうどこの九五年になって出てくるのです。たとえば前年に東北で訴訟を支援する会をようやくつくった私は、九五年の七月に土砂降りの雨の中で、桜井よしこさんの講演会を一〇〇〇人近くの参加者を集めて、仙台の市民会館で開きました。ですからそれだけ多くの人がエイズの問題に関心をもってもらえるというのは、ようやくのことでした。私は八六年に関心をもってからいろんなことがあって、実質的に支援活動を九〇年からやっているんですが、そこからでも五年かかったわけです。それでようやく一〇〇〇人もの人が薬害ということに注目し、人が来るようになったわけです。この年は大きい変化の最中だったんですが、いろいろやってる中で、学習塾の人も支援していてくれて「子どもたちに話をしに来てみませんか」と言われたのです。

このとき一番最初にしたことは、塾の駐車場を通って教室にいくときに、ちょうど秋（一一月二三日）でしたので、路上に落ちていた落ち葉、枯れ葉を大量にもっていったんです。一つ一つをよく見ると、虫食いとか形が不揃いで、でもよく見るとものすごく美しいのです。落ち葉というのは要するに木の個体の死ではないけれども、生まれ変わる意味では「死体」みたいなものです。葉っぱが一人一人の命で、木というのが人類だとすると、生命の木だと考えれば、秋になってたくさんの葉が落ちる。それがまた地に戻って栄養になって、循環をしていくわけなんです。虫食いもあり、かたちの不揃いもある。人間でいえばエイズという病気の人もガンという病気の人も、体や心に障害をもっている人もいるわけです。

それが全体として、いのちのつながりの中で存在をしているんだという一種の死生観みたいなもの、そういう生命の話を一番頭に枕にふって話をしました。それでエイズという病気と死ということへの私たちの感覚というのは、近代社会では死を病院とかに閉じ込めて、家や社会から外側に排除することで、衛生無害な近代社会をつくろうとしてきた文明ですから、基本的な死について語り合うこと自体を避けていこうとするわけですね。特に高度消費社会に至るまでの日本はそうだったわけですから、宗教も非常に後退している社会ですよね。キリスト教なんかの国はどうなんでしょうか、そういう意味では死のことを語るときはとにかく教会がありますよ、というのがはっきりしていて、日本は普段、お寺に行きませんので。そういう点では空白なんです。だから、オウムのような宗教が出てくると思うんです。

そういうことについて僕は死を語り合うことを小学生たちとしたかったので、枯れ葉からいくというのは、その時に枯れ葉を見ながら思いついたんです。なにかに書いてあったからやったんじゃなくて、行くときに駐車場の枯れ葉を見て、「なにしようかな」と思って枯れ葉をもっていったんですけど、枯れ葉はなかなかいいコミュニケーションの道具だったようです。そういう話を導入に、ずっと一時間くらい子どもたちとやりとりして、子どもたちがたくさんの感想を書いてくれたんです。

これも本当にすごいなと思いました。というのはさっきの小学生や中学生の感想と似ていますが、普通はこういう話を大人に、たとえば薬害のことを支援している弁護士さんが大学生たちにしたときの感想を読んだことがあるんです。そうすると、たとえば「差別は良くない」とかですね、「頑張って下さい」とかね、トーンは基本的にこの二つです。私なら「おめーはどうするんだ」って言いたくなるような感想が大学生になるとものすごく多いんです。他人事で「頑張って下さい」なんです。「私が頑張ります」という人はまず出てこないわけです。「頑張ってください」ですね。それから「やっぱり差別はよくないってわかりました」って、「大学生にもなって、今頃わかったのか」と言いたくなるんですが…。

ところが、塾の子どもたちはまったく違ったのです。その中のある小学六年生の女の子の感想ですが、「差別してはいけない、と思っていても、差別してしまっていたことに気がつきました」。「もしこんな機会がなければ、無意識に差別を繰り返していたと思います。この話が聞けて本当に良かったです」と感想に書いてあります。これはどういうことかというと、「一番印象に残ったことは、エイズの人は差別してはいけないということです」と、これは誰でもいいます。「この話を聞く前は、登下校の時、身体障害者や何か病気をもっている人がいると、よく、やだなあとか避けたいと思っていました。だけどこの話を聞いて、このような人たちを差別してはいけないということ、(ここからが大事なんですが)差別された人たちが、どういう気持ちでいるかなどということがわかりました」。相手の気持ちを想像することを初めてしたわけです。ここまではまあ普通なんです、差別してはいけないっていうことがわかったんだから。ところがですね、「差別してはいけないと思っていても、差別してしまっていたことに気がつきました」。人は差別するものなんです。ずっと差別し続ける。でもこの人は無意識ではなくなった。これはね、本当に小学六年生と大学生の差はすごいと思うんです。やっぱり大きな衝撃を受けてこれを受け取りました。

もうひとりもね、「いまエイズの人もガンの人も、いまを一生懸命生きている人間だということを知り、前までエイズの人は、汚いとか触りたくないという気持ちもっていたことが恥ずかしいです。生きている人みんなに心があるということを大事にし、友だちや家族と接していきたい」。これもすごいよね。相手の中に人間であり、心があることに気づけたという実感がひしひしと伝わってくる言葉です。こういうのって当然のことのようで、でも気づいていない自分に気づかない。気づいてもわからない人が多い。

「エイズのことは前から聞いていて、今までよく分からなかった。自分でもなんかいやだなと思っていた。エイズは手で触れただけでは伝染らないことなどを知って、いやなのは私たちではなく、エイズになって免疫値が落ちて、感染の心配をしている人のほうなんだということがわかった」という感想もあります。昔はみんな、伝染る伝染るっていってエイズの人を気にしていたわけです。ＨＩＶ（エイズウイルス）に感染した人を。

でも、感染をして免疫値が落ちている人の方が、人混みに行ったりしたら風邪が伝染るかもしれない。それで死ぬかもしれない。お刺身を食べたら、そこにバイ菌がついてたら、それで自分は一発でやられるかもしれない。そういう恐怖で毎日を生きていたわけなんです。人混みが怖いわけです。ところが社会の側はそういうことがわからないで、患者・感染者を怖がっていたんです。そういう認識を逆転させるような話をしたものですからこういう感想になったんですが、僕はこの「無意識に差別をしていた自分に気づいた」という感想を見ると、「差別はいけない」なんて建て前でいってる大学生とはえらい差だと思います。

誰ひとり「頑張って下さい」と言わないんです。「頑張って下さい」と書いてないんです。「中学までその病気と闘いながら生きていて苦しんでもなお、一生懸命生きていこうとしていることを見習って、自分も生きていかなくちゃと思いました」。こういうことが、これは別に特別の講演会をやったわけでも全然ないわけですね、ごく普通のテーブルの上で起きるわけです。

このときは仕掛けとしては「落ち葉」だけです。あとは、子どもたちがエイズについてどんなことを感じているのかをオープンにしてもらい、みんなで吟味をしていたのです。それと、エイズのことを語る「語り口」が人と違うということはあったと思います。「パラダイムを変える」というふうに私はいうのですが、たとえば、「感染者は怖い」と思っているとしたら、本当に怖いのは感染を抱えている人の側が、社会や皆さんのことが怖いんですよ、と語ります。だから風邪を引いていたら近寄って欲しくないと思っているのは向こうの方なんですよ、というようなことを知ると、「認識の枠組み」が変わります。

そういうことは実は非常にたくさんあるわけです。たとえば昔エイズの講演会で、私どもが活動している初期に、消防の救急隊の人が、エイズの人が血を流して倒れていた場合、自分がそれを取り扱うわけですから、自分の身が危険なわけです。だから「私たちのためにもエイズの人は首から札を下げていて欲しい」って、そういうふうに言った人がいたのです。そんなことは実は無意味なことです。なぜなら、まず全ての感染者が自分は感染していると知っているわけではないという問題があるわけです。ですから血を流している全ての人に対して、エイズでなくとも、他のウイルス性の病気もあるわけですから、「血」というのは非常な危険性をもっているんだということを前提にして、医療が行われなくてはいけない。はじめから、全ての人々の血液について注意を払うというやり方がアメリカなんかでは常識なんです。だからあなたがHIV感染者かHIV感染者でないかということを識別しなくても、医療が行われるのですが、日本では「識別しろ」といっている人がまだ多かったわけです。そういうのもパラダイムが変わると逆になる。

そういうことで話をしていくことと、もうひとつはやっぱり患者さんというか、病気になった人がどんなふうに感じているかという具体的なことを手記であるとか、直接わたしがお話をした人たちのことをそこで聞いてもらうというようなことをします。差別というのは「してはいけない」なんていう建て前と正解は、誰だって言うんです。そういうことは当たり前のことであって、小学生だってわかるんです。でも日常的にはいじめと差別を、やっぱりお互い人間だからしてしまう。だから自分のやっていることはこういうことなんだなということを、あるいは人を傷つけたり相手は何かを感じているんだなということをわかることが大事なわけで、「差別はいけない」という徳目を教えることが大事なわけではないのです。

　私は人間の社会に基本的には差別なんてなくならないと思っています。たまたまエイズ問題に取り組んでいても、差別撤廃運動をやっているつもりでは全然ないんです。むしろ差別のある社会で、私たちはどうやってそれと闘ったり、一緒に一生懸命生きていけるかということが大事なんであって、「差別をなくしましょう」と言ったって、人間なんだからいくら言ったってなくならない。私はそう思ってるんです。

　その上で必要なことは、ひとつは若い人たちへの真剣な語りかけ、もうひとつは場の作り方だと思います。差別の背景にはコミュニケーションの質の問題があるわけですが、それをやっていけば、いろんなところでもっと豊かな人と人との関係が生まれる可能性があるんじゃないかということをつくづく思っています。

平成純情銭湯物語

あるとき新聞記事から企画を考えるという「企画塾」をやっていたので、そこで僕が勝手に考えた企画なんですが、「アイデアコンテスト」みたいなものなので、面白いので紹介します。子どもと一緒に実際にやったんじゃなくて、やったら面白かろうということなんですが、「銭湯ファシリテーター」というアイディアを考えました。

性教育っていうのも、いろんなことが行われているんですけれども、たとえば僕は一九四九年生まれの五三歳ですが、僕らくらいから後ぐらいでしょうか、修学旅行で温泉や大きなお風呂にはいるときに、海水パンツをもっていく子が増えたとか言われていますね。外国っぽくなったんだと思うんですが、なかなか一緒に風呂は入らないとか言われていますよね。でも昔はほとんどの人が、銭湯というところで、お風呂に入ったんです。いまは、家庭の風呂で、個室みたいなものです。そういう文化になったので、裸でみんなでコミュニケーションするっていうのは恥ずかしいっていうのがあります。そのこと自体簡単には否定はできないと思います。おそらく性の問題やからだの問題というのは一番、小学生高学年くらいから今は悩みが多いんだろうと思うんです。

　僕自身そうでした。それで自分の体は特別なんではないか、変わっているんじゃないかとかみんな悩んでいるときに、逆にそういったことを語り合う人間の場をどうやって作ったらいいだろうと思っていました。教室の教壇に先生が立って性の問題をしゃべるのもいいですけど、場が違う必要があるんじゃないかって、そう思っていろいろ考えたのです。アイディアをいろいろ出すのが好きなんですが、そういうふうに思ったときに、もう一つはまちおこしかなんかで銭湯を活用したいなと思っているということもあります。銭湯に生き延びて欲しいなっていうのがあって、銭湯で子どもたちと性の話をするのもいいな、と思いました。裸で子どもたちが集まるだけで楽しいんじゃないかというふうに思ったんですね。

　昔は「三助」と言ってましたけど、銭湯には背中を流す人がいたわけです。それを性教育のできる現代版「三助」っていうのも変ですが、「銭湯ファシリテーター」ということにします。議論を進めたり、人々の話し合いを促進したりする人のことをファシリテーターというふうに呼ぶのですが、こういう人を銭湯に配置して、地域の子どもたちとか子供会で風呂入りに行くっていうようなことを日常化して、そこで背中の流しあいっことかを輪になってしたりしてゲームをやるわけです。それから上がってきて、ポカポカしているところで、コーヒー牛乳かフルーツ牛乳を飲みながら話をする。フルーツ牛乳なんて僕たちには懐かしいんですが、これを飲みながら丸く輪にでもなって、性と身体のことを話し合ってみるとかしたら、なかなかいいコミュニケーションが生まれるじゃないでしょうか。コミュニティの場でもこういうことが学校と提携でもしたら、銭湯と学校の組み合わせというのも面白いんじゃないかなということを考えたのです。

男と女とそれぞれで語れることといっしょで語れることと両方あります。だから男性だけ女性だけのほうがいい場合と、両方の場をつくったらどちらにも価値があると思うのです。ファシリテーターが重要です。これがうまく働けば、そこで語りかけたり「おまえしゃべってみる?」というふうにもできるし、毛が生えた、生えないなんてことも話ができる。こういうのがあると、思春期の子どもは、マスコミの偏った知識に支配されないで、かなり救われるんじゃないかなと思います。その場に中立的なファシリテーターがいることで、誰かが「おまえの体はダメだ」みたいに言うことを防いで、ひとりひとりに実はオリジナルなというか、あなた以外ではない体をもっていることに、大事な意味がある。それは欠点があったり能力で比べたら大障害だったりするわけです。いろんな意味での差があるわけですが、それにもかかわらず「大丈夫なんだよ」というメッセージを伝えられます。ひとりの人にカウンセリングして伝えるより、共同の場の中で認知し合えばいいんだろうと思うんです。

いま、社会でも学校でもカウンセリング流行ですよね。一対一で誰かが「大丈夫だよ」といってあげるみたいな関係も大事なんですけれど、僕はいま必要なのは、こういう社会のグループカウンセリングなんだと思うんです。そういう一対多、多対多という関係で、互いの承認や一種のカウンセリング的な関係が成り立つような空間というのが、本質的にコミュニケーションの場だと思うんです。決してカウンセリングを目的とはしていないんですけれど、結果として性と身体ということについてのカウンセリングがこの場で起きると思うんです。もちろん他のことももっと起きるかもしれない。そういうことってもっともっといろんな場につくれるんじゃないか。

この企画のアイディアのもとになった新聞記事（日本経済新聞一九九九年二月一四日記

事）の「高齢者のデイ銭湯」っていうのは、まさに高齢者版のそういうコミュニケーションの場づくりですよね。こういうことはすでに実践されているので、若い人たちや子どもでも、カラダや性という問題と結びつけてやることもあっていいし、高齢者と子どもたちが一緒にお風呂に入ってもいいだろうと思うんです。お年寄りの皺くちゃな肉体と、皺だらけになったおっぱいを見ながら、若いお姉ちゃんが背中流しながらコミュニケーションするなんていうことはね、人間のいのちの教育という点でもものすごい価値があるんじゃないかと思います。いまはそういう場がないわけです。だから年取って皺だらけになったからだが「汚い」としか思えなくなってしまう。それは「勲章」なんだと、「生きてきたことの勲章」なんだということを、やっぱり子どもたちの間でわかっていくためには、体験をするしかないと思うんです。そういうことが、教室で教育が行われるんじゃなくて必要ですよね。学校の中に銭湯でも作ったらどうだとか、みんなで銭湯に出かけたらどうだって私なんか思いますよ。

「銭湯に学校」つくるよりも「学校に銭湯」をつくってね、地域のお年寄りが学校の風呂に入りに来るという方が今は救われるかもしれない。どっちでもいいんですけれども、そういう可能性を思うんです。そこでも大事なのは、たとえば皺だらけになってね、シミのついた、そういう肌とピチピチした肌が並んで何か対話を交わすことなんです。それがコミュニケーションです。そのふたつが並ぶだけで対話ですよ。すごいコミュニケーションじゃないですか。口を聞かなくてもいいんですよ。なんかわかんないけど。そういうことがね、いま起きにくいんだろうと思うんです。

銭湯ってすごくね、面白さを感じているんです。僕も子どもの頃、銭湯が嫌いだったんですよ。僕が中学、高校くらいかな、運動部やってたんですけれども、一ヶ月に一回くらいしか銭湯に行かなかったんです。やっぱり何かからだにコンプレックスがあったんじゃないでしょうか。他人の目を意識して風呂にはいるのがいやだったんです。だからフケだらけで汚い子どもだっただろうなと思います。

迷惑をかけよう

セルフエスティームの問題につながりますが、私は人とつながるためには「迷惑をかけよう」ということをあえて提唱しています。ちょっと話がまわり道になりますが、きいてください。『センダードマップ』という本を一九八七年に作りました。日本の八〇年代はネットワーキングという考え方が広まっていった時期なのですが、私自身がこの本をつくった八六年から八七年にかけて、そのネットワーキングの実践をしたのでしょう。今から一三年から一四年前なんですが、プロジェクトチームというのをつくって本の制作したのです。私を含めて六人のスタッフがいたんですが、奥付を見ると中には「中途採用」という人もいます。どういうことかというと途中からこのプロジェクトに加わったんです。他の五人は最初から参加した人です。「プロジェクト方式」と言っていたんですが、この六人がこの『センダードマップ』という市民活動の情報本をつくって、売り切ったら、経費として一〇万円を分配するということにしたのです。予算もしっかり立てて、取材したりすると個人でもいろんな経費がかかりますので、本が売れたら経費として一〇万円を受け取る、ということを計算して、五人ですので五〇万円に、中途採用が五万円だったんで五五万円の利益を最終的にあげるっていうことで、この本を製造する原価から何からいろいろ計算して、一七〇〇冊本を売れば足が出ないというふうに計算したんです。これは実

際は二三〇〇冊つくったんで、残りの六〇〇冊は、プロジェクトの分を売り切って皆の経費を確保した後で、出版社としてのカタツムリ社が卸をして別に売ろうということになっていました。だから直で仙台の書店に持ち込むのと自分たちで直販するというのを全部やって、一七〇〇冊売って、このプロジェクトを解散しようと、こういうふうに考えてやったわけです。制作・営業担当、取材・編集担当、予算・会計担当、進行・記録の管理担当、渉外・情宣担当というふうにスタッフで分担し

てしたのです。本ができた時点で、たとえば一九六七年生まれのこの人が二〇歳です。この人は一九歳の頃から関わっていただいたのですが、当時大学生だったんですよ。皆トータルでも平均年齢二六、五歳とかいってまして、若かったんです、わたしが三六歳くらいの頃です。

これをやる前までは、私は基本的に自分でなんでもやってしまう人だったんです。ミニコミをつくったり会計をやったり、団体を運営するというときに、人に頼むと面倒くさいので、ほとんどのことを一人でやっちゃうというタイプの人だったんです。それはそれである程度のことはこなせるわけです。完璧主義のところもあって、どうしてもそういう傾向がつきまとっていたんです。しかしこのとき初めて、本当に共同で、なおかつそれぞれの人が自分の言ったことに責任をもつということで動いたわけです。その人から、たとえば取材や編集についてのプランがでて、その人が他の人を動かすわけです。

担当になったその人だけがやるんではないのです。私も、私の担当していることについて、他の人をどうやって動かすかということになるわけですが、そういうグループのあり方を、毎週一回プロジェクト会議を開いて一年間動かすわけです。これで仕事の分担ができるということになる。八六年一一月からプロジェクトを始めて、八七年九月にこれを出版して、そして八八年三月に解散したんですけれど、そういう集中的なプロジェクトで、仕事を分担して気持ちよく共同作業をやるという体験を味わったのです。この後の私の市民活動は、イベントとか大きな仕事をやったり、エイズのキルトの展示をやるとか、一〇〇〇人規模の講演会とかを毎年一回やっていたんですけれども、それのほとんどはこういうやり方、プロジェクトでスタッフを決めてやるというやり方でやりました。

責任と権限の分散

このプロジェクトでは、その五人は、最初から最後までの全プロセスに責任をもつということをコミット（誓約）したわけです。スタッフになるとは、志願をし、約束をした人になることです。そうでない人もたくさん関わっているんですが、その人たちは「協力」や「手伝い」なので、一部分を協力した人たちは「協力者」というか「助っ人」と呼んでいました。この人たちは「プロジェクトの全体に責任もたなくていいですよ」ということです。そのかわり「大きな方針を決定するときには関与できませんよ」ということなんです。あるいは、最後に残った収益を処分するとか、赤字がでたら埋めるとか、そういうことには責任をもたなくてもいい、ということなんです。全プロセスに対するコミットをした「スタッフ」と部分的な関与をする「助っ人」をはっきり分けて考えたんです。こうすると、参加する人にいろいろな関わり方が生まれて、すごく楽になるのです。

「ちょっとでもお手伝いをしたい」という人はいっぱいいるんだけど、責任を本当にもちたいという人が少ないという現実があります。なぜ少ないかというと、私たちの国では、本当に責任をもって実行した人をきちんと評価をしたり賞賛をしたりするという文化と体制がないからです。むしろ足を引っ張られる。いわゆる実行委員会方式では、むしろそういう人も「皆でやった」と埋もれてしまうようにしかならないんです。私はよく、実行委員会方式を、「皆で決めて、一部の人が実行する方式」と揶揄していますが、皆さん「そうだ、そうだ」と言います。だからますます責任をとろうとする人が減ってしまう。そこがよくないんだっていうふうに気づいて、違ったやり方を開発したんです。

その後多くの若い人たちが僕と一緒に仕事をすることになったのですが、それにはこのプロジェクト方式が非常によかったんです。このあとも、私がやるイベントや市民活動は、一〇代、二〇代、三〇代の若い人が非常にたくさんいつも参加するようになりました。同世代の同じような市民活動をしている人の中では、私は若い人とのつきあいが非常に多い方の人間だと思うのですが、それはなぜというと、関わり方のつくり方が重要なんだろうと思うんです。このプロジェクトが終わるまでの間だけ本気になれば、あとは辞めて自由ですというのがいいのです。

その年の翌年（八八年）なんですが、当時、チェルノブイリ事故の二年後でようやく日本中で反原発運動が盛り上がってきたんです。正月から、四国の伊方原子力発電所の出力調整実験に対する反対の声が燎原の火のように全国に広がっていったのです。署名運動があって、あっという間に百万人が署名しました。そんななかで若い人たちが学習会をしたいというので、広瀬隆さんを呼んで講演会というか学習会をしようとしました。前年の『センダードマップ』の制作関係者プラス新しい参加者で、誰がいうともなく言い出したものでした。

私はもともと原子力の問題に、七九年のアメリカのスリーマイル島原発事故以後、関心

をもってそれなりに関わっていたんですけど、この講演会のスタッフになった人たちは、ほとんどが若い人たちばかりなんです。スタッフはこのとき出した『原発赤信号』の奥付に名前を出してやっているんです。実名が都合悪い人はペンネームにしているんですけれど、今まで反原発運動なんてやったことのない人ばかりなんです。ちょうど半年後の九月に広瀬さんの学習会を設定して、それに向かって一〇〇〇人を集めることをプロジェクトの目的にしました。そのために月刊冊子『原発赤信

号』を発行して、四月から毎月カウントダウンして、実際に九月一五日の広瀬隆さんの講演会に一〇〇〇人を集めたんです。これもプロジェクト方式でやったんです。だからプロジェクトの全体に責任をもちますという人は、雑誌の巻末に名前がでてて、あとは助っ人（協力者）です、というやり方をしていました。見ていただくとわかりますが、『原発赤信号』はこの当時のミニコミとしてはけっこうレベルの高いものです。スタッフがこのプロジェクトのためにパソコンを買って、ＤＴＰソフト（デスクトップパブリッシングソフト）を入れて、他のスタッフがＭＳ－ＤＯＳ変換機能つきワープロを揃えて原稿を書き、フロッピーディスクで入稿、写真家に写真を撮らせて、版下を制作し、印刷所に出していたのです。これを毎月二〇〇〇～三〇〇〇部つくって、一部一〇〇円で売ってたんです。駅前の大きな書店にも委託をして、毎月店頭でも数百部は販売していました。これは二つに折ると、ちょっとしたメッセージを入れても九〇円の定型郵便で送れるんです。一人一人に「これを使ってあなたが他の人にこの講演会に来てもらうとか、この内容を理解してもらうのがあなたの運動ですよ」と言って、いわば運動の手だてを提供していたわけです。

ぬりええほん
ひゃくばんめのサル
THE HUNDREDTH MONKEY
かくせんそうから ちきゅうをすくう100ばんめのサルとは？
ケン・キース・ジュニア著 / Y. モンキー編
ぶん・え・きたむらゆみ

実は、八四年にカタツムリ社で『ぬりええほん ひゃくばんめのサル』（きたむらゆみ絵と文）という核兵器の廃絶を訴える絵本を出版しているのですが、この絵本は、当時定価二〇〇円という破格値だったこともあって多くの読者に支持され、そのときまでに四万部も出ていたのです。そして多くの人々が、一人でこのぬりえ絵本を何冊も購入して、それを他の人に手渡すことで自分の気持ちを伝えるツールに使ってくれていたのです。その経験があったので、低価格の情報誌を作って、行動の手立てを求めている人々に提供するというアイディアを実行したのです。もちろん一冊一〇〇円で販売してもちゃんと利益が出る仕組みを作っていました。こういう小さなメディアとか場をつくるというのがやっぱり私は好きで、その中で、多くの人とつながっていろんなことを共同でやるためには、なんでも自分一人でやるというのがよくなかったということがだんだんわかってきたんです。

任せればできるようになる

この二つのプロジェクトを続けた中でよくわかったのは、最初は、大学一年生に入ってすぐの一八とか一九とかの子が、私と同じことは当然できないわけです。にもかかわらず分担をして、たとえば「中学生にもばあちゃんにもわかる原発の仕組み」というページを二人くらいの担当者がつくるというと、これを担当した人は、毎月発行しているから締め切りがあるわけです。その発行日には井戸端会議というのを予定していて、五〇人とか一〇〇人とかを集めて、これを配ったり売ったりしているわけです。そうするとその日に『赤信号』は完成していないと泣くほどひどいから、締切完全厳守で版下を制作して印刷所に入れなくちゃいけないわけです。そうすると、この原稿とこの図がその日にできなかったら徹夜なんです。しかも原稿のレベルが低かったら編集長から「やり直し！」の声がいくわけ。何度も何度も夜中に書き直しになるわけです。その中で若い子が涙流しながら作ってたわけです。だけど「責任もってこのページはあなたが作るよっていったら、人間は最後まで全部やるんだ」ということです。そして必ずできるんです。

逆にいえば、そういうあり方というのをつきつけ合わないで、まあまあ、なあなあで、仕事のできる人だけがやるというのが、今までの活動だったということなんです。会社の仕事だったら当たり前のことですが、そういう分担をした方が、仕事は小気味よく共同作業で進むんだということがよくわかったんです。「自分でできることは、自分だけでやらない」という私の提唱する「ネットワーキングの三原則」のその一というのは、実は「任せればできる」という当然のところから来てるんです。

そういうことから、人とつながるということは孤立しないことですが、よく言われている「自分でできることは自分でしなさい」というのは「孤立しなさい」というメタメッセージをもっていることに気づきます。いまの父母なり学校の先生は「自分のことは自分でしなさい」、そして「他人に迷惑をかけてはいけません」というこの二つを必ず言うわけです。これはほとんど「孤立しなさい」「人と関わるな」というメッセージなんです。「人と関わるのは怖いぞ」と。昔も「人に迷惑をかけるな」ということは言ってたとは思いますけれども、でも、今はそれが強すぎるんじゃないでしょうか。だから私は、「他人に迷惑をかけることを恐れない」ということを「ネットワーキングの三原則」のその二にしているのです。『市民プロデューサーが拓くNPO世紀』（ぎょうせい）という本にも書いたんですが、「迷惑をかけよう」というのは正にそういう意味で、そもそも迷惑をかけずに人が生きているなんて人間関係はあり得ないんだということを自覚することから始めるしかないわけです。それなのに迷惑をかけてはいけないということを疑わず、毎日のように子どもに説き続けているわけです。洗脳し続けているわけです。自殺するときにまで「助けてください」とさえ言えない子どもになるわけじゃないですか。それは僕は非常によくわかる。

それから「迷惑とは何か」「相手は何が迷惑か」をお互いわかっていない。だから「自己チュー」というふる舞いができる。「ネットワーキングの三原則」というのは「自分でできることは自分だけでやらない」「他人に迷惑をかけることを恐れない」「一人だけではとてもできそうもないことをする」という三つなのです。私が今までやってきたことは、私一人でやるキャパシティを毎回超えてるわけなんです。だからこそ多くの人が協力したり、一緒にやってくれるわけで、一人でもできそうな程度の規模とかスケールだったら、誰も手伝わないと思います。「あんたがやったら」っていう話です。だから、人と一緒にやりたいと思ったら自分でできそうもないことにチャレンジしてみるということが必要なんじゃないのかというのがあって、この三つがセットになってるんです。

そして「他人に迷惑をかけるな」というのと、もう一つ「正解は外側にある」ということを私はセルフエスティームの関連で取り上げます。今の社会なり学校教育というのは基本的に正解は外側にあるので、正解を見つけなさい、その正解に従わないとお仕置きが来ますよ、という構造が非常にきついと思うんです。「他人に迷惑をかけるな、自分のことは自分でしなさい」と「正解は外側にある」という二つは、どっちも「奴隷のプログラム」だと私は言っているわけなんです。人は自分が自分の主人公であるはずなのですが、ついつい誰かの奴隷になってしまう。その外側で正解を持っているという人を王様とすると、「正解は外側にある」というのは「王様は正解をもっていますよ」「あんたは奴隷ですよ」ということです。簡単にいうと「王様がカラスは白いっていったらカラスは白いんですよ」ということです。そしてもう一つ、「他人に迷惑をかけない」というのは、まさに人と人が手を組んだり、つながったりするためには、迷惑をかけあう以外ないわけです。だから、王様っていうのは奴隷と奴隷が手を組むのが一番怖いわけですから、そういう意味でまさにこのもう一つの「他人に迷惑をかけるな」という方法は「孤立しなさい」「手を組むな」というメッセージです。この二つを本気で信じてさせられていることが「奴隷のプログラム」だというふうに思うんです。

ネットワーキングの三原則

（1）自分でできることは、自分だけでやらない
（2）他人に迷惑をかけることを恐れない
（3）一人だけではとてもできそうもないことをする

近代社会というと個々人が自立して生きていく社会と思われるわけですが、一方で「奴

隷のプログラム」があまりにも普通のようにとえられてしまうのは不思議なことです。一個人が外界から孤立をして生きているかのように思い込んでしまうところがあります。

わたしは「ディープ・エコロジー」という考え方を日本に紹介する仕事もしていたんですが、その考え方でいうと「ウェブ・オブ・ライフ」というんですが、生命を「いのちの綾」というか「いのちの織物」ととらえます。つまり人の命というのが、非常に大きないのちの織物の中の一つとして相互依存的にといったらいいんでしょうか、そういう関係の中にあって存在するんだ、他者との深い関わり合いの中で存在していると考えるのです。ところが近代社会はそれを全部断ち切って、孤立した一人の人という価値観を作り出しています。そのことが全て間違いであったわけではないし、前近代社会に後戻りはできないんだけど、やっぱり孤立しなさいという見えないメッセージはいま、非常に巨大になっているんじゃないでしょうか。

「誰にも迷惑をかけてません」といわれたら、次の言葉がない

昔はね、「迷惑をかけるな」というのは「共同体からはみ出すな」「共同体に従いなさい」というメッセージだったんです。しかしいまは、共同体がないんですから「孤立しなさい」というメッセージです。「他人に迷惑をかける」っていうのは共同体とか世間のあった時代の言葉なんです。今、共同体がない中で、他人に迷惑をかけるなといったときに、たとえば援助交際している子から「誰にも迷惑をかけてません」といわれたら、次の言葉がないわけです。共同社会の秩序を乱すというのは昔ならあったわけですけど、今は秩序そのものが法律によるもの以外にすり減っているわけで、個人の自由なのですから、まさしくそれではその言葉に対して答えるものを近代社会はもたないということになってしまっているわけです。（小浜逸郎氏は『なぜ人を殺してはいけないのか』洋泉社新書の中で、迷惑という一般的な他者との関係ではなく、自分と直接かかわりのある身近な他者をさしたる理由もなく怒らせたり悲しませたりする行為として援助交際をとらえる視点を提出していて、共感するところが多いが、ここでは「迷惑をかけるな」と言われつづけて

いる子どもの心に添って考えてみた。）

するともう一回そういうのを裏返すというか転倒するというか、近代の行き詰まってしまったものを超えていくための何かを私達は考えださないといけないと思うんです。人と人とのつながりというのは、決して共同社会に戻るわけにはいかないんですけど、「迷惑を掛け合っている」ということを前提に人は生きていくんだと提案することは、ある種のパラダイムを逆転することだと思います。わざわざ迷惑をかけろといってるんじゃなくて、そもそも迷惑というのはすでにかけあっているということを自覚することだと思います。この二つの「奴隷のプログラム」をやめないと、このことが信じ込んでいるほど正しいことではないということがわからないと、セルフエスティームというか、自分が大切にされるとか、自分を大切にするとかということの感覚が、私たちの社会の中に生まれてこないんじゃないでしょうか。

実際、子どもの前で話したり、ワークショップを行いますと、そういうことが見えてきます。さっきの中学生会議の感想に「今日の議題の中にもあったが、『他人に迷惑をかけるな』ということが、社会に対しては形だけの存在になっているが、もう少し本当の自分を出しあっていかなくてはならないと感じている」というものがあります。これは「他人に迷惑をかけるな」ということはつまり「本当の自分を出すな」ということだとこの中学生はわかってしまっているんです。もう一人は「他人に迷惑をかけるなと言われつづけることによって、『孤立せよ、協力するな』というメッセージが刷り込まれてしまう。孤立することも時には必要だ。しかし、協力することによって新しい何かを見つけることもできると思う」と書いていています。この場で何が起きたかっていうことを、この子はわかっていると思うんです。こういう感覚がいい。

それからワークショップをやってる中で私が伝えていることは「皆が疑わないことを疑う」ことだから、「自明なことだとしていることを、一人ひとりが私にとって自明なことであろうか」というふうに問い直さないと、今自明なことが正しくないかもしれないということなんです。私が「これは違うよ」というのが正しいのではなくて、その自明なことをその人なりの文脈で読み換えて、それをそれぞれの人が、あるいは子どもが、批判的に自分の言葉でやれないといけないわけです。

だから親から、「他人に迷惑をかけるな」て言われ続けたときに、なんだかしょうがない言葉が自分の「上を」通り過ぎるのではなくて、「迷惑をかけるってどういうことだろう」「迷惑をかけるなとお母さんは言ってるけど、単にお母さんが迷惑だと思っているだけなんじゃないだろうか」とか。たとえば外でその子が何か事件を起こしたら「迷惑だと思うのはだれなんだろうか。お母さんなんだろうか。お母さん何か迷惑なの？それとも悲しいの？」と、そういうことが感じられるかどうかなんです。それを言葉にできるかどうかっていうのが、やっぱりこれから必要になっていると思います。

その時初めてお母さんが自明なことと思って、子どもが生まれたときからいい続けてきた言葉が、何かとんでもないことを引き起こしているかもしれないことに気づいていくわけです。それはつまり言葉が暴力になっていたり、あるいは言葉が制度になっていたりするわけで、その子に全く届いてないか、あるいは単なる牢獄のようなものになっているわけではないでしょうか？　そんな言葉からはコミュニケーションが起きてこないのです。「他人に迷惑をかけるな」っていうのは、子どもが大人になるまでの間に何万回聞かされたかわからないです。その言葉自体が、牢獄みたいなもんじゃないですか。しかも子どもにしてみれば手触りとか実感がないわけです。そういう言葉を吐いちゃいけないと思うんですけれど、逆にいうとそういう言葉を僕らは呪文のように無自覚に吐いていると思うんです。

呪文だというのは、親や先生はそれをいうことで何かを喋らなくて済んでて、安心しているだけだと思うんです。紋切り型の言葉です。私よりも世代が上だったり、七〇歳くらいの人にとっては、その時はまあ、もっとリアリティがあった言葉だったということだと思います。一つは共同体というものが厳然としてあったので「迷惑」という言葉がもつ意味が具体的だったというのがあります。そして親もその共同体の規範に実際に従っていたということだと思うんです。従わなければ生きていけなかったのです。だから規範が目にみえてあって、その規範に従って生きている親がいるという状態の中で吐かれた言葉と、今それは崩壊している中で口先だけで吐かれたことばではリアリティが違っています。今は、そういうお説教を吐いた人が、子どもの目の前でタバコのポイ捨てをする。ある日突然銀行の頭取として捕まったりする。そういうものが余りにも子どもの目に見えるわけです。

機能している方が目に見えなくて、崩壊している方が目に見える。だから機能しているっていうこと自体を見せることが上手くできないわけです。なぜならたくさんの子どもが子ども部屋に囲い込まれ、塾に通い、学校に行き、生活から遊離していて、親がどうやって働いて生きて、どうやって給料が届くかということ自体をわからないまま生きているわけです。昔は商売しているところの子どもは、基本的に親がどうやって生きていたか知っていたんです。

いまたとえば不登校とか学級崩壊とかいろんな問題が取りざたされるときに、学級崩壊など問題が起きている地域にある学校がどういうところかっていうと、郊外の団地や新興住宅地など、そういう地域の伝統やビジネス生活と無関係な切り放された空間になっているような地域の場合が多いといいます。そういうことが関係すると僕は思うんです。

親自身も呪文を唱えていることに無自覚

呪文というのは、それを語っていれば安心だということがあります。私もいま一人子どもを育てているんですが、子どもにそういう意味での紋切り型の言葉を吐くことをしないようにしていました。一度もということはないかもしれないけど、基本的にはそういうことを喋らないということを自分の子育ての信条にしていたのです。だから「他人に迷惑をかけるな」なんてことは言ったことはない。

ボクたちの世代は、昔はニューファミリーと呼ばれた世代です。特に私たちの団塊の世代だと子どもと対等に「お友だち親子をやる」というのが非常に多かったんです。見てるとしつけができていなくてだらしないだけなんじゃないかなという関係になってしまうのがあまりに多かったんで、それは嫌だったのです。うちは子どもが、親が三〇歳過ぎてからの子で、そういうニューファミリー的親子関係をよそで見てしまって、少し違った方向でやろうって考えました。昔は共同体の作法とか文化の型が少しはあって、一種の場のルールというものの中で子どもも育っていたんですけども、団塊の世代というのは歴史的にはこれらの型を完全に否定したんです。そのために「お友だち親子」というのが、結構無惨なことになっていったんじゃないかなと感じるものがあったんです。もちろんそういうなかで、全ての権威を否定した中で、ゼロからリセットしてやり直すんだぜ、と一種の動物のように、と言ったら動物に失礼なんですが、そういう育ち方をしつつ、そこで自分を獲得することがすばらしいんだといえば、それはそれでいいんじゃないかとは思うんですが、私の美意識は割と保守的なので、そういう感覚ではなかったんです。私は大学を中退しているんですが、そのあと会社勤めをして、二〇代をずっといわゆるサラリーマン生活をして、途中から会社の経営者になっちゃうんですが、一番この社会の下層のビジネスの世界で生きてきたのです。そうするとやっぱり「まともとはどういうことか」とか、小さな商店でこつこつ商売をして生きているような人たち、そういう人たちは別に資本主義の悪をつくっているわけではないのです。むしろそういう現場にいると世の中が変になっている理由はそういう人のところにあるわけではないということがよくわかります。ところが小さな商売をしているような人を、なんかお金で軽蔑するような左翼的な、知識人的な考え方が結構多いのです。それはおかしいんじゃないかというふうに私はやってて思ったわけです。

商店の人たちの子育てって見てるととてもいいんです。卸の商売をしていたので小さな商店に二〇年近く通ったんです。子どもが生まれたときから結婚したとか就職したというようなときまでつき合ったんですね。貧乏な家の子どもほど、なんか人がいいんです。なぜかはよくわからない感じなんだけど。赤ん坊の時からお店の陰で泣いてるとか、お客さんのやりとりをするのにチョロチョロして怒られたりとか、そうしながら育ってきているわけです。決して親も教育熱心なわけでもないし、お金も投入されないから、当然職業高校へ行くとかという選択をしているわけだけれど、なんかその人たちをみていると、「子育てっていうのはこうだな、これで何一つ間違っていないんだな」と基本的に思うんですよ。

私はサラリーマン、公務員の子どもだったので、子どもがいい学校に行ったり、よい成績を取ったりすることに親が期待をかけることの大きかった家にいましたから、無意識にそういう圧力に反発した反動で大学を辞めちゃったんですけど、そうではない商人の子育てという、つまり働いているそばで子どもが育っていくということが、ものすごく当たり前でいいことだなと思ったんです。

そして自分の子どもが産まれて、その子が三つの時から「ぐりん・ぴいす」というエコロジーショップを始めることになったんですけど、産まれた子供を保育所に預けて、夕方になると保育所から連れてきて店の奥に転がしておいて仕事をしているわけです。向こうは、ちょうど三つだったんで遊んでほしいわけです。だけど親は仕事してる。日曜日なんかも一日中子どもを放っておいて仕事している。すると子どもはカッターナイフで段ボール切って遊んでたりして、かなりつまんなかったんだと思うんですけれど、でもそのことが悪いことでも後ろめたいことでもないというふうに、私は割合に確信をしてたんですね。だから子どものご機嫌もとらないし、大量な時間も子どもに使ったりしなかったんです。子どものためにっていうふうにはね。だけどうちの子は、そういう意味では「まともに」っていうのも変ですけど、途中でなかなか辛くて学校に行けなくなったりとかいろいろなこともありましたけど、まともな大人になったんじゃないでしょうか。いままで自分で選んで定時制の工業高校にいって、昨年卒業しました。ずっと中学卒業してから四年間「ぐりん・ぴいす」で働いて、自分の学費と生活費を稼いで、それで学校へ行ってたんです。就職も決まって、ごみの仕事をすると言って、「清掃公社へ就職する」と家を出て自立してます。

ここにあるものは、何か子どものご機嫌をとらないとか、自分が子どものために何かして生きているわけではないので、子どもに、面倒を見てやる時間が少ないからといって

「すまない」という後ろめたさがないという点で、私は基本的にすごくわがままな親だと思うんです。私は小学校六年生くらいから中学卒業するまで一度も一緒にご飯を食ったことないんです。母親も働いてるし一人だったし寂しかったと思います。だけど、基本的にそれは悪いことではないと信じていました。大変無謀な親です。たまたまうまくいったのかもしれなくて、もちろん同じことやったらダメになったりケンカになったりする子どももいると思いますけれどね。子どもに「媚びない」っていったらいいのでしょうか。

お店で見てると、子どもが店の商品ガチャガチャにしたり、お菓子でべとべとになった手で売ってるものに触ったりしても、親が止められないんです。そういう親が非常にたくさんいるんです。あれは何なんだろうっていうのは、そのころから思ってたんです。お店の人が注意しなくてはいけなくなるわけです。お店の人に叱られるとそれで親が子どもを庇ったりして、逆じゃないでしょうか。

親が崩れている

お店のものを子どもがこわしても弁償しますって言わない親が多いから、そういう意味で社会のルールや常識が崩れているわけです。お店の商品に子どもが穴をあけたり、メチャメチャにしたものを「弁償してください」って言ったら怒ってしまう親が多い。子どもがやったことの責任を親がとらないわけです。それで子どもがまともに育つなんてとても思えない。現実にそういうことは非常に増えてます。お店の人も、そういう人に耐えて、「まあそこで文句言ってお客さん失うよりいいです」て思って「結構です」「お客さんは神様」できたわけです。商売ってそういうもんだと思うんです。

僕は商売している人が一方的に弱いのは嫌いなので、「お客さん、これはお客さんが弁償するもんですよ」と言ってしまうので、二度とそういうお客さんは来なくなるんですけど、ずいぶんやりました。弁償せずお店の負担にして平気っていうのは、やはりおかしいです。子どもの教育のためによくないじゃないですか。お店が「いい」って言っても自腹を切って弁済し、そして「あなたがこういうことをしたためにお母さんはお金を払ったんだよ。あなたのしたことにはお母さんはちゃんと責任をとるからね」っていうことを子どもに教えるのが親の仕事ってもんじゃないでしょうか。そういうことはいまなかなか通用しないという実感がありますね。

私はずっと商売をしてきたから、市民活動をしているときにも極論を正論にするのではなくて、誰もがわかるごく普通の言葉と方向性で実は世の中変えられる、変えなきゃいけないといつも思ってきました。こういう私の態度は、商売をしていることと何か密接につながっているんじゃないかと思うんです。

商売って結局、実際に具体的なものを一個一個、直接お客さんと対面して売るっていうことですよ。レストランもやってて、店の食品も本も売ってましたから、一個ずつものを説明し、レジ打って売るということをしてるんです。モノを売るっていうのも、一種のコミュニケーションです。わたしはお店では結構販売が上手なんですけど、実はもともとは商売なんてあんまり好きじゃなかったんです。本業だった宝石の商売で「なるほどな、売りたいと思って押しつけてもダメなんだ」っていうことに気がつくんです。相手が口に出さなくても「欲しいと思っているものをわかってあげれば売れる」っていうのが商売の本質です。「いらない」と思っているものは絶対に売れないわけです。ただ、お店に入って見てるっていうことは、欲しいと思ってきてるとか、その人のなかにそういう要素が、自発の芽があるわけです。それを潰さなければいいわけなんです。

でも自分がお客になって他の店に行っても、いろいろと見てて「いいなあ、買いたいなあ」と思っても、「こちらいかがですか、こちらいかがですか」って寄ってくるお店、洋服屋さんとかいっぱいあるじゃないですか。そうするとあっという間に買う気がなくなって「あっ、いいから」って出てきちゃう店っていっぱいあります。お客さんに「帰ってくれ」って言ってるような応対をしているお店が実はすごくあるわけです。自分がお客さんの立場ならすぐわかるはずなのです。話しかけて欲しいときにくればいいわけだし、欲しいというサインをだしたときにそれがわかればいいだけで、サインをだしてないときに行ってもダメなわけです。で、それは様子をみたり声をかけて、そういう状況かの判断をして、引くときに引けばいいっていうのが商売にはあるわけじゃないですか。お店でお客さんを見て応対してるとすごくよくわかると思うんです。そういうのがあんまりできていないお店が多い。鈍い人が多いのでしょうか。

商売の才覚っていうのは、ほとんどコミュニケーション能力ですね。相手がいま何を欲しいと思っているのか、何かききたいという状態なのかとかね。単純なことだともいえます。相手がききたいと思っていることをちゃんと応えていれば、必要なものは売れるということはたくさんあります。売りたいと思って一生懸命売ってるわけだけれど、モノを押し売りしているわけではない。商売ってそういうものです。だから商売でちゃんとした仕事しているというのは悪いことではないです。相手が質問したいとか困っていることにきちんと応えて、何が的確かというアドバイスができるようになれば、モノっていうのは売れていくわけですから、それ以上のことをやる必要はないわけです。モノを仲立ちにしてコミュニケーションしているようなものです。

市民参加は市民の権利である

四年くらい前からなんですけど、仙台市の環境局廃棄物管理課から相談をされて、ポイ捨てごみの問題の解決のお手伝いをしています。ポイ捨てをなんとかするために条例をつくりたいといったときに「市民に意見を訊きましょう」と提案したわけです。「たくさんの人がこの問題をどう考えているか、どういうふうに解決したらいいと考えているか」を聞きましょうと。「仙台市が決める」っていうのは「市民が決める」ということだから、「多くの市民に聞きましょう、そして条例をつくったり、行動計画立てたらどうですか」という話を提案していったときに、市民参加が重要なことはわかっているけれど、「えー、やっぱり市民の意見聞くんですか?」という躊躇が現場担当者の感覚としてあって、やはり戸惑いはあるわけです。なぜかっていうと、長い間、特にごみの担当の方はですね、とてつもなくむちゃくちゃな意見とか、怒鳴られたり、嫌なことも市民からたくさん受けているわけです。ですから集会を開いたらどうなってしまうかということを心配してしまう。

これはよくわかります。というのは、私が代表理事をしている特定非営利活動法人せんだい・みやぎNPOセンターでは、仙台市の委託で市民活動支援施設の管理・運営をしています。その施設は当然公的機関ということになるわけですが、もう、中にはそうとうなわがままを言う人もいるんです。それはごく一部の人ですけれど「あー、市民というのはこんなにわがままか」って思っちゃいます。よく電話かけて行政職員を居丈高に叱る人っていますね。

その人たちはとても善意なんです。ただ、残念ながら、善意の発露の仕方がちょっと偏っている。相手を非難するわけです。「こういうのをなぜ行政でやれないのだ!」「ちゃんと取り締まれ」と。ポイ捨てごみでいえば「ごみ投げている人つかまえろ」「罰金つけろ」「体罰にしろ」と。極端にいうと「警察でつかまえさせろ」っていうふうに、いわゆる公的な権力を有している行政側が簡単にはとても実行できないようなことも要求するわけです。これは本当は行政という権力に恐れを抱いていたり、傷ついたことがあったりしているために、逆に攻撃的になるのではないかと思うのです。

行政職員はどんな場合も「冗談じゃねえ」なんて言えないです。「あんた何いってんの」って言えないんです。「ああそうですね、ごもっともですね、わたしたちも努力します」といい続けていたら、当然ストレス溜まります。だから市民から意見を訊くっていうと、またそういうことになるのかなっていうふうに思っても無理はないですね。

そのときに、「いや大丈夫です、そういうふうな場にはしないですから」と言って、もちろん仙台市の廃棄物管理課の方々も当然市民参加でやらなければならないと思っていたので、私たちはフォーラムを六ヶ所でやったんです。これは来ていただいた人にグループを組んでいただいて、市民の声を参加のための発言にするワークショップの形でやりました。行政職員の仕事は、市民の参加の権利を保障することなんです。

言葉のバックグラウンドが違うこと

ごみの問題などでもそうなんですけど、一人一人がもっている「言葉のバックグラウンド」っていうのでしょうか、その人がもっているのがすごく違うわけですから、対話が成り立たないような状況というのがどこへ行ってもあるわけです。たとえば「行政言葉」と「市民の言葉」は違うのじゃないでしょうか。めちゃくちゃ違います。そのままだと対話は成り立たないです。何故かというと、やっぱり行政の人はシステムの人間なわけです。システムというのは、前にのべたセルフエスティームの話とも関係あるんですけど、生きている私たちの世界を典型的に分ければ、「システム社会」と「生活世界」というふうに

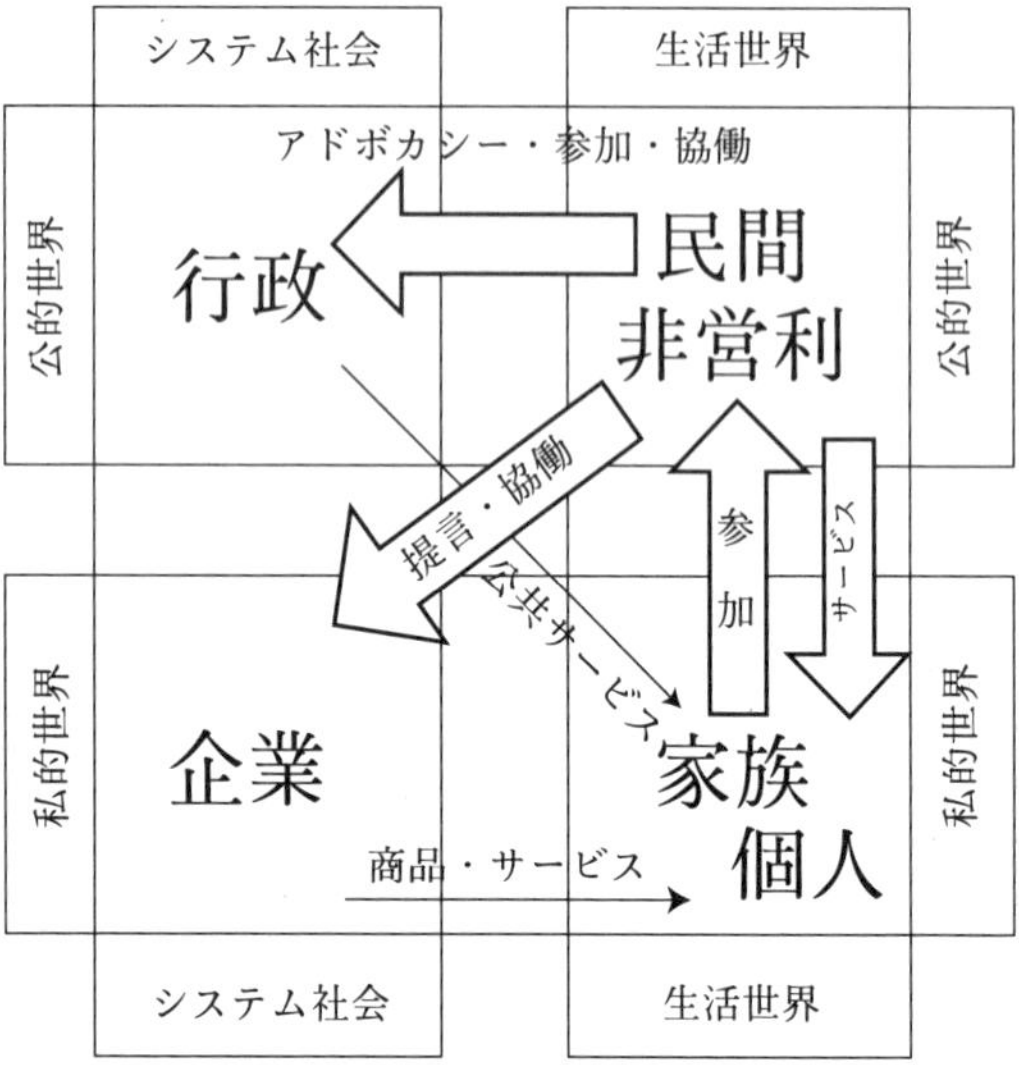
システム社会
生活世界
アドボカシー・参加・協働
公的世界
行政
民間
非営利
公的世界
提言・協働
参加
サービス
公共サービス
私的世界
企業
家族
個人
私的世界
商品・サービス
システム社会
生活世界

システム社会と生活世界

分けて考えることができます。行政の言葉とは、権力とか裁判とかそういう言葉であり、企業の言葉とはビジネスの言葉、つまりお互い様の言葉なんです。個人や家族という生活世界の言葉は、佐藤学さんという教育学の先生が言うには「エロスの言葉」です。これはかけがえのない人間関係の言葉です。こんなふうに言葉がまず違うということです。商売の世界では「お互い様」ってことがあるんですけど、行政の言葉っていうのは白か黒かという言葉なんです。ど

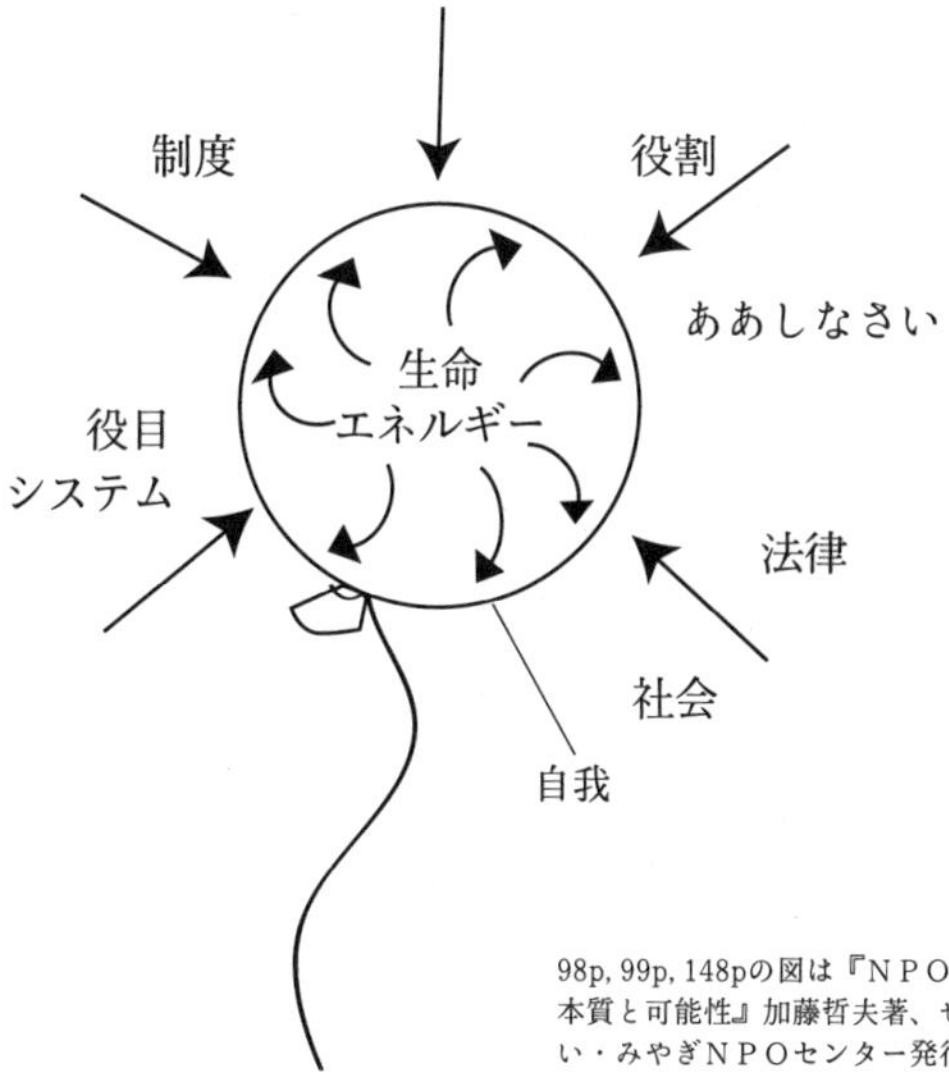
制度
役割
ああしなさい
生命
エネルギー
役目
システム
法律
社会
自我

98p, 99p, 148pの図は『ＮＰＯ　その本質と可能性』加藤哲夫著、せんだい・みやぎＮＰＯセンター発行より

ちらもシステム社会の言葉ですけれど、少し違うんですね。「システムは何か」っていうと「替わりがきく」っていうことだと思うんです。つまり一人一人の人間っていうのは、そこである役目・役割によって生きているということです。

「正解は外側にある」っていう要請はこのシステムからくるのです。役目・役割に従いなさいというメッセージですから。人間を風船に喩えると、内側からはヘリウムでも水素ガスでもいいですが自発の命のエネルギーが膨張・拡散しようとしている。それに対して「ああしなさい、こうしなさい」「これをしてはいけません」という社会の役目・役割や禁忌というものが外側から与えられて膨張・拡散を押さえる。その間の皮膜に（風船のゴムに）自我ができる。そうすると、この外側から与えられる役目・役割というものが「システム社会」そのものであるわけですから、たとえば課長さんというのは「替わりがきく」んです。A課長さんは、替わりのB課長さんになっても同じ仕事ができるっていうことがシステム社会のメリットですね。そうすると、Aさんは退職したり、課長さんでなくなった瞬間に、「わたしはナニモノなのか」っていう根拠がこのシステム社会ではなくなるっていうことです。生活世界では、それとは別な存在の根拠があって、ある家庭のAというお父さんであるとかBというお母さんであるっていうことは、Aさんに何の肩書きがつかなくても生きていられる社会です。「かけがえのない」ということなのですが、それはつまりとりかえがきかないということですね。そういうふうに他の誰でもなくAさんであり、Bさんであることで生きていられるところが生活世界だということです。Aさんが課長というシステム社会の役目・役割に過剰に適応してしまうと、退職したとたんに、「私は誰？」「ここはどこ？」みたいになってしまう。でも、生活世界では一応取替えはきかない。土曜日にテレビの前でビールを飲みながらプロ野球のナイター中継を見てゴロゴロしているお父さんも、隣のお父さんと交換するわけにはいかない。この違いって大きいと思うんです。

そこで「言葉が違う」っていうことは、たとえば行政の人と地域住民がごみの問題で対話を交わすというようなときに、「官の言葉」と「民の言葉」っていうのは非常に違うんです。行政の人は、つまりシステムの言葉であり、しかもそのシステムが、最終的には議会を通し承認をいただいた「権力の言葉」にならなきゃいけなくて、個人の考えで「わたしは今こう思う」ということを基本的に喋れないっていう宿命を背負っているわけです。現場では、そんなこと抜きで喋ったっていいことはいくらでもあるんだけれど、行政の職員の方は一種の過剰適応していますから、もうそれが、さっきの退職したら何かがなくなっちゃうように、それが習い性となったといっていいんでしょう。条件反射的にそういうふうに思考し、そういうふうに行動する人間になってしまう。システムに染まっちゃうんです。すごいことですが、それに縛られていくわけです。しかもそのことに無自覚なわけです。二〇いくつの採用されたときから、それが正しいこととして生きているわけですから、そこで三〇年間生きてきたら、他の自分がなくなる可能性だって相当にあります。そういう人が、ピラミッド状に階段をなして、つまりえらい人から下までずっと順番にいるわけです。そのシステムのなかで生きてるっていうことは、使う言葉も今言ったシステムの言葉でしか喋れない。そうすると、市民が、地域住民がごみのことで、「これこれこういうことがあるんじゃないか」って言ったも、全部「そういうことはこのシステムではこうなっておりまして、だからできません」って、こういう話にしかならないんです。「その人がどんな気持ちでそれを叫んでいるか」とか、「それを私はどう感じるか」ということを喋っちゃいけないことになっているんです。あるいはそういうことは存在していないんです、行政の枠組みの中には。「地域の住民がなぜ怒っているか」なんてことは、その枠組みの中には存在しないわけです。そんな余地はないわけです。だから対話が成り立たないっていうのはまさにそこからくるわけです。

この市民の意見をきく集会のワークをどういう手順でやったかというと、まず最初に二人ずつ組になってもらって、三分ずつ合計六分ですが、とにかくどんなにポイ捨てがひどいか、あなたは何を見たか、何に怒っているかということを話し合っていただきました。すると来た人は、仙台市に向かってなにかを言おうとしてきてるんだけれども、目の前で喋ってくださいといわれると喋っているうちにそんなことは忘れます。それで結構盛り上がるわけです。そういう人は、怒り狂ってきてるわけですから、まずその感情を相手によって受け止められて、次の話し合いでは冷静になれるんです。タバコのことで「何とかしなきゃいけない」って怒っている人は、タバコのことしか言わないということがあるのです。かなり多くの人は「あるひとつのこと」だけしか言わないんです。だけどそれは、全体の政策を考えるときには、それも多くの問題の中の一つであるわけだから、その人の思い込みほどにはみんなは思ってないことが多い。それでとりあえず思っていることをすべて言ってもらって、「出た話をポストイットに書いてください、どんなにひどいかっていうことを書き留めて下さい」と、全員からそのポストイットを集めてホワイトボードに貼って、同じような体験をグルーピングしてまとめる、というのを最初にやったんです。そうすると一ヶ所で何十個かの体験が出てきます。三〇〜四〇人くらいいますから軽く一〇〇個くらい出るわけです。「こんな場所でこんなにひどかった」「車の窓から空き缶投げてるやつがいるから注意したら、中で酒飲んで酔っぱらってた」とかね。まあすごい話がボロボロでるわけです。まさに「一一〇番して警察呼んだ方がいいよ」っていう話もあります。「いつもここのゴミ捨て場が汚い」とか「隣の人が立ち小便して困る」とか言いう話も出ます。団地の人で「向かいの人がとにかく帰ってくるたびにうちの塀で小便する」なんて言ってるおじさんなんかもいて、これはポイ捨て問題と違うじゃないかと思うのですが、でもやっぱり誰かにそれを喋りたい人がいるわけです。それを二人ずつ組んで話をして、カードにして全部発表して、そしてそれをグルーピングして「バス停の周りはこんなに大変ですね」「こんなすごいことありますね」とやる。二〇分くらいやるとこれは一通りできるんです。

「ハッ!」とわかる瞬間

それから、「すごかったですね。こんなにたくさんありますね。これを全部市役所に電話して市役所職員が全部見回って解決するなんてことにはいかないですね」というと

「ハッ！」とわかるんです。そのとき初めて「そういえばそうだな」って思うわけです。自分のことだけで言ってるときは「市役所になんとかしろ」って皆言うんです。この場合市役所は身代わりのワラ人形です。でも、どうもこれ全部を一つのことで解決できないっていうことがわかるんです。もともとわかってはいるのですが、怒りなどの感情が支配していますから、まずこのことをみんなで確認してから今度は、「じゃあグループ四人の皆さんでこんな大変な問題をどうやって解決したらいいかディスカッションして、良いアイデアがあったらどんどんポストイットに書いていってください」というふうにして、次のセッションで「解決のアイデアを市民で考える」というのをやったわけです。これを三〇分くらいやると、またたくさんのアイデイアが出ます。

そうするとそこで皆から何十個かのアイディアがでます。各グループで五枚とか十枚とかでる。なかには、体罰じゃないけど「罰金罰則つけろ、捕まえろ」とか「学校の教育が大事だ。子どもにごみを拾わせろ」などいろんなのがでるんです。それを全部集めて、またホワイトボードに貼って、グルーピングして、「今日はこんなにすばらしい意見が皆さんから寄せられました」と発表するわけです。だいたい一カ所から三〇枚から五〇枚くらいままでのアイディアがでるわけです。これを全部で仙台市内の五つの区を全部回ってやったんです。

各ワークショップで市民からでた解決のためのアイデアを、全部パソコンで打ってシール紙に出力して小さなカードをつくったわけです。そして各意見を大きな模造紙に貼っていき、ＫＪ法のようにグルーピングして、構造化しました。これ一枚でだいたい二百個くらいのアイデアがあると思うんです。これを百人以上のすべての参加者に配って、全市を対象にした大きなフォーラムを開きました。フォーラムのたびに「こういう流れで今やってますから、あなたがここでだした意見は、全部ここの人たちにフィードバックされて、そしてものを考える素材になります」ということを明確にしておくことで、参加した人が納得します。この図には、それこそ大変過激な意見からユニークな意見までが全部はいっているわけです。そしてさっきの教室でのエイズ教育の話と同じなんですけど、「この一つ一つについて行政は直接価値判断をしない」のです。いろんなことにこのままでは「これできません」ということがいっぱい入ってるんですが、私はそれを「別に行政がやんなくたっていいんだ」と言うんです。それは行政がその直接的に個別の意見に対して「できます・できません」なんて一問一答する必要はない。それじゃ水掛け論になるだけです。だけど塊として意見を把握する。一人の人の意見じゃなくてこれがグループ化されると、どういう意見が多くてどういう意見が小さいということもわかる。小さいんだけど、これ一つでも大事なんだということがみんなを見てるとわかるようになるわけです。

しかも図を見るとわかるんですが、「都市デザイン」といったらいいんでしょうか、デザインにからむ都市計画の問題、それから法律というレベルの条令と規則の問題。そして教育の問題、地域の問題、告知やPRの仕方の問題、そしてこれはそういうものを製造している産業界の問題。行政の問題。これだけのことが、いくつかの分野のこととして、実はこのポイ捨てごみの問題には複雑にからみ合っているんだということが初めてみんなの目に明らかになる。これを見ていただいた上でさらにみんなでディスカッションをするんです。たとえばここでは「罰則つけよう」っていう人がかなりいて、一方に「罰則は嫌だ」という人もいるんです。これは面白いんです。「罰金罰則なんかの街にわたしは住みたくない」なんていう人もいるんです。でもこういう人は普段手を挙げて発言しない。逆に「罰則をつけろ」という人は発言が威勢がいいからたくさんでるんです。アンケートを

題解決アイデア集

〜んだべネエ〜

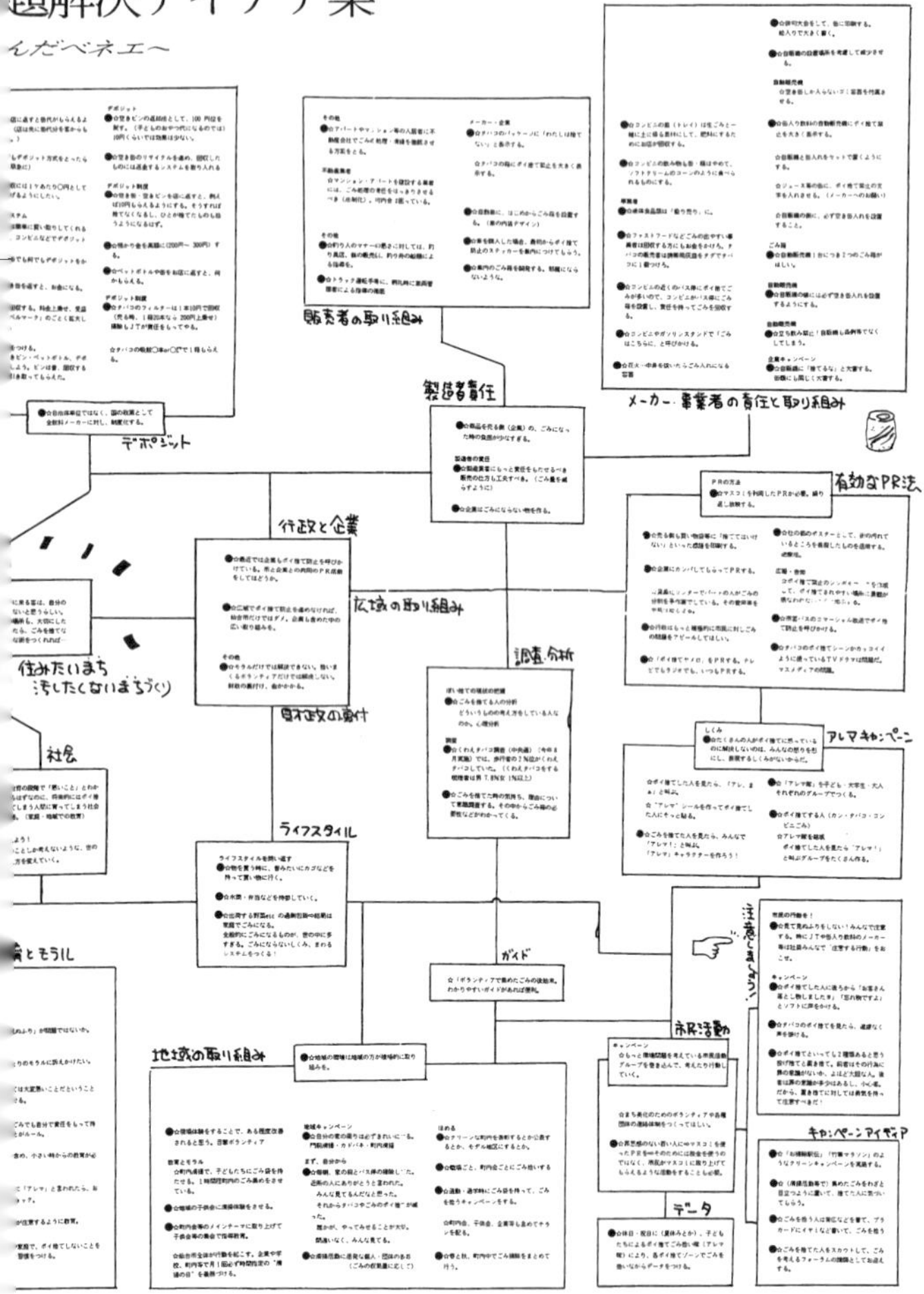

「ポイ捨て」ご

〜どうし

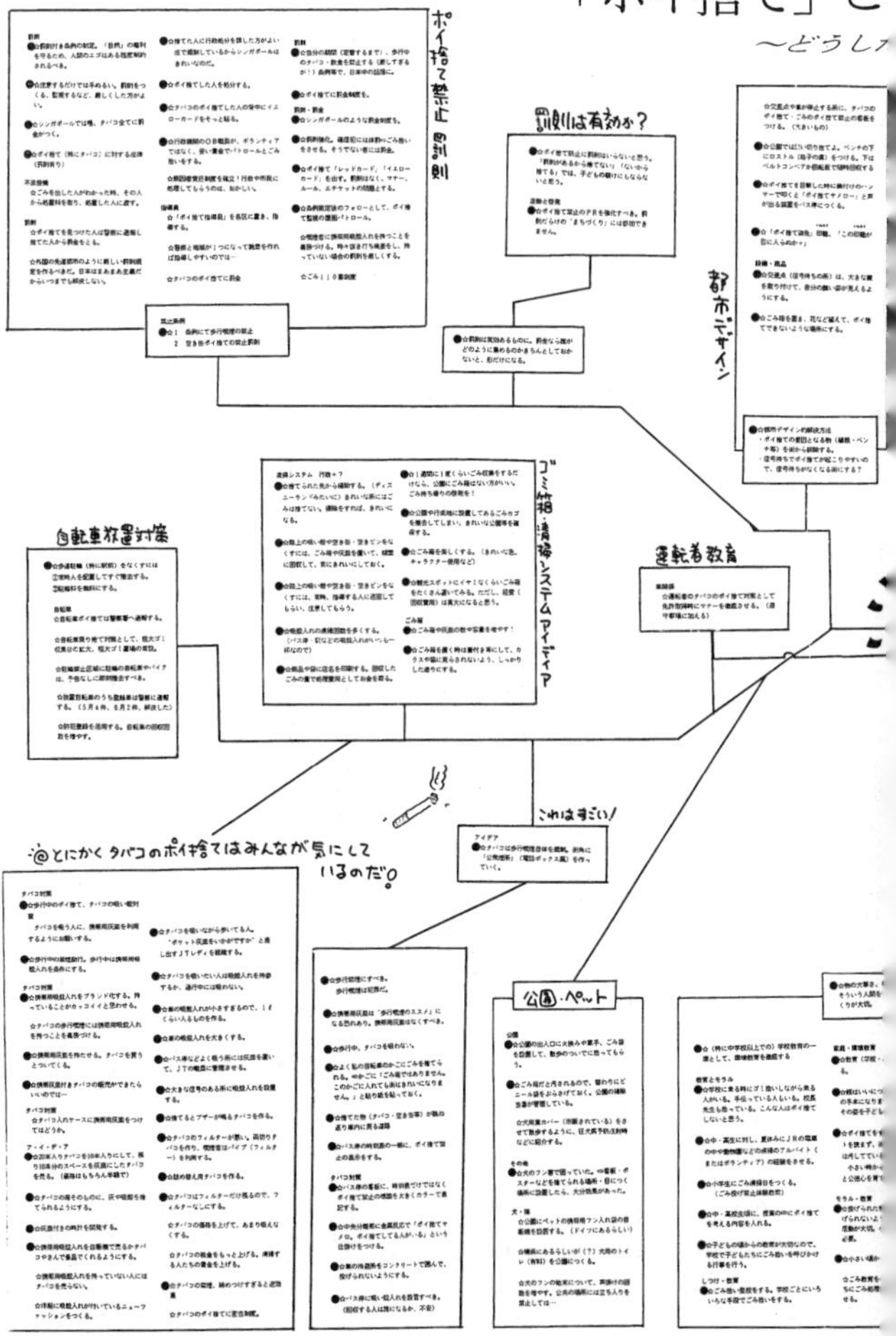

ポイ捨て禁止罰則
罰則は有効か？
都市デザイン
ゴミ箱・清掃システムアイディア
自転車放置対策
運転者教育
これはすごい！
とにかくタバコのポイ捨てはみんなが気にしているのだ。
公園・ペット

やったら罰金罰則派が多数になります。

これはいろんなワークショップでもそうですね。田舎に行けば行くほど、まちづくりの話でも、議員さんとか町内会長さんがいたら、主婦の人だとか力のない人はそこでみんな大勢を占めている意見に対して「ちがう」って言えないんです。だけどカードに書くと、そういう意見が出るんです。つまりそういう権力関係とか上下関係に左右されない訳なんです。少数の人の意見も出てきます。それが大事なんです。そういう意見には貴重な意見がたくさんあるわけです。ところが声が大きい人の意見だけだと、それに左右されてしまう。

これを見た上でさらに、法律の専門家が罰則なり罰金なり条例というものは、どんな意味をもつかを解説する。そしてごみの問題で条例といったら、罰金罰則つける以外のことを誰も考えてないときに、条例というのは「一つは市民の決意を示すものです」「ものによっては市民をコントロールするものです」「行政に行動を義務づけるものでもある」とか、いくつかの様相や機能があるんだということを法律のプロに喋ってもらうわけです。こういう問題について、必ずしもこれがいいんでも正しいとか間違っているとかではなくて、条例とか政策というものは「その街が、市民が、何を選択するか」ということなんだということをわかってもらうんです。

「子どもにごみ拾いさせろ」というのは何?

教育のところでいえば、本当に「子どもにごみ拾いさせろ」っていう意見が多いんですね。道徳としつけの教育で子どもにごみ拾いさせろという意見が多いのです。ここを実際にごみ問題と教育に取り組んでいる市民団体の人に解説をお願いすると、「確かに多いですね。でも大人が投げたごみを子どもに拾わせる教育っていうのは何なんでしょうか」という話になるんです。だからおじいちゃんの感覚でそういうことという人が多いわけですけれど、教育としてもしやるならば、やっぱり大人の投げたごみの後始末を子どもにさせるだけの教育って非常に情けないじゃないですか。「それは教育ではないんですよ」っていうんです。そのとき初めて「じゃあ、どういう教育をやらなきゃならないか」を考えるん

ワークショップに参加して思いを表現

です。年配の人はやはり道徳教育でありしつけであり、そして昔の「迷惑をかけない教育」なんです。でも「いま、その枠組みで教育は行えないんです」ということをわかってもらうことも重要です。

しかし教育が重要であるという考えはだれでも同じです。そうすると、そういう意見を言った人も、自分の意見が否定されたんじゃなくて、教育が重要であるという枠組みとしては取り入れられて、そして学校の教育だったならばこういう教育をしなくちゃいけないんですよということを、その市民団体の人は実践者ですから実例で喋る。そうすると「子どもにごみ拾いさせろ」といっていた人も、それなりに納得するわけです。もともとそういうことは本気で言っているというより、その人の気持ちや怒りが言葉になっているのですから、言葉尻を捕らえて反論しなくていいわけです。そして総合的にものを考える。そういうことをずっと順番を踏んでやっていく。行政の人もそのワークショップの場の中に一市民として入っていく。このカードも一緒に一個人として書いているんです。そうすると市民の気持ちもわかるようになる。

一問一答はしないわけです。そういうことを考えることで、対話の土台ができたり、一つ一つの言葉が人に届くものになったり、あるいはコンセンサスが生まれたり、そういうものが議論を積み重ねる中で生まれてくるのです。一つずつことが正しいか正しくないかというのとは違うところで、次第に見えてくるものがあるわけです。それをワークショップという形で見せたかったわけなんです。

だから議論をするっていうことは、ある人が「ごみを投げているやつを捕まえろ」と言ったとすると、このことの是非だけで論争になってしまうというのは実りが多くない。それで三〇分潰しても何にも実らない。でもそういう話の仕方しか今は行われていないということです。じゃあ、私たち一人ひとりが個人として地域でできることは何であり、地域のコミュニティとしてできることは何であり、そして学校という制度や仕組みでできることは何であり、行政という、つまり権力によって何ができるのか、そしてまちづくりという視点で全体を考えるなら、なにをやったらいいんだという、こういう議論自体が現場で整理されてはなかなかできないんですよ。

それを皆の目に見えてできるように、しかも大勢の人でどんな人がきても、その場のルールに従って一定の手順を踏めば、そういうことは目に見えてわかるようになるというのがワークショップです。行政にとっては、クレームを言ったり文句言ってくる人は相手していて面倒な困る人だったのかも知れませんが、実はこういうプロセスを経て行くと、そういう人ほど熱心に一緒に活動していくパートナーになるのです。この翌年から仙台市と市民参加型のキャンペーン『全市一斉「ポイ捨てごみ」調査・清掃キャンペーン』をやっており、キャッチコピーは「拾う・数える・考える」というものです。そこでは文句をがんがん言っていた人がたくさん一緒に動いています。文句を言うというのは、行政を憎くて言っているんじゃなくて、熱心なあまりそうなっているんですから。実は、新しくこういうプロセスの中で仙台市はいい条例をつくったんです。それはポイ捨てごみについても「市民の自主的な活動を仙台市は応援をするんです」という罰則なしの条例です。

「罰則罰金はありません、けれど支援はあります」という条例をつくったんです。

そしてこういうキャンペーンも皆でやりましょうといってやっていったら、実は文句を言ってた人も含めて、ワークショップにきていた人がたくさんこれに参加をし、リーダーになり、一生懸命まわりに働きかけて胸を張って活動するようになっているわけです。だからその人たちは、実はすごく大事な人たちだったんですけれども、今までの行政はどうしてもその人たちを一緒の活動者として、共同の問題解決者として位置づけて仕事をするのではなくて、自分が上に立っていいとか悪いとか判断するためにコミュニケーションがうまくいかないということです。「何故その人たちは怒っているか」ということも、日常的に道路のお掃除をしたり、バス停のお掃除もしたり、もう神様のような人たちなんですけど「だれもそれを正しく評価してくれない」ということが彼らが怒る原因なんです。つまり社会が認知をしてくれない。だから黙々と努力はしているんだけども、ますます空しさだけがつのるわけです。他人の捨てたごみをひたすら拾っているわけですからね。で、ついつい「市役所は何をしているんだ！」「それを子どもにさせろ」「体罰にしろ」って言ってしまう。もちろんそれじゃあ、子どももむなしくなるじゃないですか。

このキャンペーンは取り組む人たちを「アレマ隊」とネーミングをして、仙台の全市キャンペーンにすることで、実はポイ捨てごみを拾っている人たちは、すごいことを、まちづくりをやっているんだという認知を、社会の中に何度も何度もつくっていくことをしているわけです。現場で一生懸命拾っている人に対して、ポスターやチラシにも「アレマ隊」を登場させ、会員証をつくったりバッチをつくったりして認知を後押しした。そうすると、「あ、これなんですか」と周りの人やいままで白い目で見ていた人たちがきいてくれて、「これはアレマ隊といってね」と何をやっているのか説明すると、「あ、いいことですね」といって参加者が増える。つまりその行為そのものに社会の認知の焦点がしっかり当たっていれば、やっていることの空しさがつのらないということです。そして周りの人もそれを認知しやすくなるんです。

簡単にいえばこれはブランドをつくるようなものです。ブランドっていうのは、お店で商品が棚に置いてあっても、たとえば水が何種類あってもこの水だけがよく知られたブランドであればみんながそこにいったときに悩まないでそれを選ぶということです。それと同じことが、社会的キャンペーンには必要なわけです。でも行政は、このようなチラシ一枚でもポスターでも、毎回入札で業者を変えるわけです。するとコンセプトからデザインから毎回違うものができてしまうんです。これでは市民はそのキャンペーンを認知できない。それを私たちは四年間、仙台市のコンサルティングをして、キャンペーンの言葉とかロゴだとか、あるいはキャラクターだとか、そしてやり方とか言葉とかのコンセプトを統一するということをキャンペーンの中に導入したんです。そこで市民が参加をする仕組みをつくり、そして市民の活動が、市民から活動のレポートをだしてもらうことによって、ちゃんと一つ一つカウントをし、今回は一三〇カ所で合計三〇〇〇人がこのキャンペーンに参加しましたというデータ付きの報告書をつくります。それを通してまた社会にアピールしていくということが、目に見える形を作るといってもいいんですけど、そういうプロセスをきちんと用意することで初めて、たとえば怒って電話をかけていた人と行政のあいだに橋が架かって、そして対話が成り立って、共同の行動が成り立っていくっていうことだと思うんです。

「公物と思う心が既に敵」という戦中標語

「行政が公徳心を説かない」ということをポイ捨てごみ問題に取り組むキャンペーンを

始めるときに仙台市の人たちに言ったんです。中島義道さんという方が書いた『対話のない社会』（ＰＨＰ新書）という本があります。ちょうど仙台市から相談された当時に読んでいたのです。あの方はまた、とてつもなくまともでかつ面白い人で、哲学者なんです。彼が怒っていることのうちの一つは駅のアナウンスとか、無意味な標語とか、つまり実際効果がないのに大量に公共の場でたれ流されている、まさに呪文のような言葉が、日本の社会の中に溢れかえっていることを批判しているのです。

たとえば駅で「黄色い線から下がってください」というのをおよそ列車が到着するまでに何回も叫ぶ。それが何分かに一回列車が到着するたびに言っているわけじゃないですか。意識を向けたら耐えられないような回数を平気で流していて、多くの人はそれを聴いていないのですね。中島さんはそれはおかしいって怒っているわけです。何でやっているかというと恐らく、訴えられたときの用意でしかないだろうということなんです。つまり無責任です。そんなもの何秒に一回ずつ流したからといって、人はそれに注意するようになんて絶対ならないんです。そういうことが、つまり「自己責任」ということを感じさせない、他人依存型の社会・行政依存型の社会っていうのをつくるのかなってわたしは思ってきたんです。

仙台市に出した「ポイ捨てごみ問題」の報告書の中で書いたことですが、戦争中の標語で「公物と思う心が既に敵」というのがあるんです。著名な法学者である川島武宣の『日本人の法意識』（岩波新書）の中に書いてあることです。これにはとても考えさせられます。つまり「公」のものであると思ったらもうダメなんだという言い方を戦争中に為政者は国民にしていたんです。これは公共心とか公徳心というものが形成されてくる明治以降のプロセスの中での日本社会の特徴だろうというふうに思うんです。つまり公園であるとか公衆便所であるとか、「公」という言葉がついたところがやたらに汚いという現実があります。つまり私たちはどうも「公のものであるということは誰のものでもないのだ」というふうになってしまっています。そして「だからわたしが勝手にしてもいいのだ」というふうにどんどん私物化されるという側面がある。本来「公」のものこそ私物化されてしまう。そして反対に誰かの持ち物（私物）であると、これは手を出してはいけないと思う。

「公」のもの、皆のものであるからこれは私のもの以上に大切にしなくてはいけないというふうになりにくい。「公共」というものがなかったといってもいい。共同社会の時代でしたら、入会地という形でコモンズ(公共圏)が成立していたものを、入会地を奪う土地政策を明治以降してきたわけです。コモンズを崩壊させる、つまり共同社会を潰していく、そして私有地にするか、まさに「国」の土地にするかをしてきたわけです。「公《おおやけ》」というのは日本では「大きな社(やしろ)」という意味で、元々は権力や天皇家の家ことだったわけで、そういう意味でパブリックの本来の意味である「人々に開かれている」ということではないのです。

その辺の問題がすごく大きいのかなと思っています。戦争中の「公物と思う心が既に敵」という標語でなるほどと僕が思ったのは、たとえば小銃とか靴下ですよ。それらのものはすべて天皇陛下からの預かりものであると軍隊では教育されたんです。だから人間が死んでも、小銃をなくしてはいけない。軍馬を失ってはいけない。つまり靴下一つなくしただけで体が壊れるほど体罰を受けたりしたわけです。今の私たちは「靴下と人間どっちが大切なんだ」って思うんですけど、当時は逆転しているわけです。それっていうのはまさに預かり物だったからですよね。じゃあ「なぜ預かりものだったんだろう」と私は思うんです。

　そうすると、日本の人って公共のものである、日本国のものである、軍隊のものであるといってもどうも通じないということを権力者は知っていたんじゃないか。日本の人々に公徳心がないということを知り抜いていたのではないかと思うのです。

　話がちょっと逸れます。正確じゃないかもしれませんけれど、三島由紀夫が『文化防衛論』などで、天皇というものが日本人の公徳心というか、文化の中心だという言い方をしているんです。それもまさに同じことなんだなというふうに思うわけです。つまり公徳心、公共心というものが、人々の間で育まれにくいような何らかの要因があるなかで、それを無理にでも造らなきゃいけないときに、前近代的な人格神に公共心を仮託をする。皆のものだから大事にしようではなくて、天皇陛下からの預かり物だから大事にしなければならないというふうにしたのです。それ以外に公徳心をつくることはできなかったんです。そういうふうに日本の国ってやってきたのかなってこれで思ったんです。

　それで同じことが市役所で、たとえば「お年寄りを大切にしよう」って標語が市役所に下がっていることがしばしばあります。町の入り口の看板に書いてあったりね。誰が言ったのかわかんない。単なる標語なわけで、それを「お上（おかみ）から降りてくる言葉」というふうに中島義道さんはいっているわけですけれども、そういう言葉が私たちのまわりにあまりにも溢れているわけです。誰が言ったかわからないけれど、上から、お上からくる言葉です。そういうものに取り囲まれて、そしてそういうものに無自覚で鈍感になっていくような環境のなかで生きている。

そういう認識で見ると、ポイ捨てごみ問題に対して「ポイ捨てするな」というポスターはいっぱいあるわけです。地域住民が「ここは私たちの土地だからお前らごみを投げるな」って言っているのはいいと思うんです。地主とか、その地域をお掃除している人が言うのはね。でも、行政がつくるポスターの標語って、そういう固有性のある言葉にはならない。だからこの街の、たとえばこの町内の私たちは、あなたがごみを投げるのは許さないとか、そういうふうに人間が見えてくるような立て札を立てたら、まだ少しは効果があるんじゃないかと思うんです。お上が書くように書くから効果がないんじゃないかと思うんですけど。市役所がそういうポスターを何万枚張り巡らしても、街が汚くなるだけで効果はないと私は思うわけです。それは駅の放送と一緒で「誰もみてない、誰もきいていない」んです。特に、ポイ捨てしている人は見ていない。だから、そういうものを溢れさせることをもう止めようじゃないかと言ったんです。

そしてモラルや公徳心というか、こういうものは「人と人の住み慣わし」ですから、人と人の暮しの中から生まれてくるわけです。だから、お父さんがたばこをポイ捨てしたら娘が「お父さん、それ嫌だよ、恥ずかしいよ」って言えるような環境をつくって、そしてその娘さんの方を応援するというのをやらなくてはならない。私はこのとき、ポイ捨ては嫌だなと思っている人の方が、投げている人よりもずっと多いと言ったんです。恐らく投げている人は一割くらい、それに対して、七割から八割くらいの人は嫌だと思っていて、あとの二割から三割くらいの人が無関心。圧倒的に多くの人が嫌だなと思っているわけです。でも声をあげて注意をしたらグサッと刺されるかも知れないとか、見ず知らずの人を注意したらちょっと怖いわけじゃないですか。でも自分たちの身のまわりの人はいて、話のできる相手はいるわけです。そのときにそういう人に向かって「嫌だ」ってことを言ってくれればずっと効果があるわけです。見ず知らずの人にいわれるよりも、無視できないから身内にいわれる方がきついわけです。

捨てられた理由《わけ》

そういうことを勇気を持って、自分の知っている人には言おうよ、ということを、このキャンペーンの柱にすることはできないだろうか、というのが基本的なコンセプトなんです。だから「身近なあなたの一言が、ポイ捨てする人の行動を変える」というコンセプトを考えたわけです。そう考えると、たとえばポスター一枚でも、役所が「投げるな！」というポスターではなくて、お友達が、恋人が、彼氏がとか、地域の人がとか、具体的な誰かが誰かに嫌だと言っているというシチュエーションで、全部四コママンガでできているわけです。ポスター貼っているのは一応お上なんですけど、書いてあるのはお上の言葉じゃないというふうに、ポスターの中にマンガという劇中劇を作りました。つまりお上の貼ったポスターの紙の上に劇中劇をつくることによって、これはお上からではないメッセージを伝えたいなというふうにこのポスターをつくるときに思ったわけです。

こういうメッセージをお上が言わなきゃいけないというのがおかしいわけです。私たちが暮らしの中から、人と人の関係の中からこれは作り出していかなきゃいけないということを大前提にする。そして行政の仕事は、それを支援するとか促進するとかということだよ、と思うんです。

ところがそれが今は逆になっちゃってる。お上が先頭に立ってこういうことに号令をかけることになっている。そしてお上の権威に皆頼りたがるんです。自分で言わずに、大変だからお上に注意してくれっていうことになるんですよ。そりゃあもう根本的に逆だろうと思うわけですね。

空き缶を拾うのは市民の権利である

最初に相談されたとき「空き缶を拾うのは市民の権利である」ということを言ったのです。それは行政の側から見ていつも物事を考えていると、ポイ捨てされた空き缶を拾う市民の行為というのは、ボランティアで有難いと思っているのが、いつのまにか何となく市民の「義務」のような方に話が行くわけです。それは空き缶を拾う行為というものや、街をお掃除している人たちの気持ちというものを、つまり自発性を損なうんです。あるいは本当に大切にしていないので、それがなんだか見えていないんだろうなと思ったわけです。なので突然、普通は市民の責任とか責務と思っていると思いますが、それは市民の「権利」なんですよという言い方をしたんです。それで、何の権利を空き缶を拾っている人は行使しているかというと、この街を美しい街にしたいというまちづくりにその人たちは、自発的に、誰にも頼まれたわけではなく参加をしているんだということです。だからその人たちは、まちづくりに対する参加の権利を行使しているんだというふうに理解した方が、市民に責任を求めていくという言い方よりも、ポジティブになるだろうと思いました。権利というものは行使して初めて見えるものでもあるのです。

そういうところで責任とか義務とかいわない方がいいと思うんですけど、恐らくどうしても義務的なもの言いになってしまうんです。条例で決めて、拾わなくてはいけないなんて方に頭が流れやすいことなんで、私はわざと逆転の発想をして、それを拾うということが市民が自分たちで街をつくるということに対する参加行動だから、市役所の仕事は、そしてキャンペーンは、そういう自発的な市民の行動を励ますという考え方をしようということです。そのためには、「空き缶を拾う権利」という言いかたをした方が、権利があって義務があるということなんですが、わかりやすくなるかなと思いました。

そういうときに相手がドキッとするようなことをいうというくせがあるんですが、行政の方は最初全然わかんなかったと思います。最初に市役所の担当の方が三人で相談にこられたときに、ごみ問題とかが料理として皿に乗っているとしたら、その料理をのせるお皿は「まちづくり」というお皿でしょうという話をしたんです。だから多くの人は料理の話をするわけですけど、わたしはお皿の話をして、お皿の上にごみを拾う人もいれば子どもと遊ぶ人もいれば、商店街の活性化をする人もいるんですよと。こういう人が連携してまちづくりという行動として、そしてそれに対する人々の参加行動であるというふうにとらえればいいんです。

それは決して行政の施策に参加しているのではないですよ。まちづくりという公共的活動に市民一人一人が参加をする機会をつくれるんだというふうに考えれば、嫌々ながら義務的にしょうがなくお掃除をしているんじゃなくて、ポジティブなお掃除というのがあり得るわけじゃないですか。お掃除そのものをそういう意味で積極的かつ効果的なものに変えないと汚くなったものを元に戻すというだけでは、そしてただ義務になっちゃったら努力が続かないです。そこを変えたかったのです。

「子どもにごみを拾わせる」ことでしつけや教育をしようというものの考え方に対しても、「そうじゃないでしょう」と。一人一人が拾っていく行為はボランタリーな、非常に自発的なまちづくりの参加行動であり、それが効果を上げ、これは楽しいのだということを大人が作り出したときに、初めて子どもたちに「一緒にやってみない?」ということができるのであって、大人がそれを作り出していないとすれば、そんなことを強制することは不可能なんです。

さっきのキャンペーンでいうと、「拾う・数える・考える」という少し科学的な目をごみ拾いに導入することで、地域で参加した人たちにワークショップをやってもらうというのが狙いなんです。ごみを数えて、何が何個ありましたか? 地域でどのように片寄っていますか? ここはやたらにタバコの吸殻と灰が公園の公衆便所の横の道路に並んでいるとすると、だいたいこれはタクシーの運転手が休憩できて、缶でジュースやコーヒーを飲んで、トイレを使って、そしてたばこの灰皿を路上に空けていくやつがいるとか、そういうことが原因である可能性が高いですねと。現実にそういうところがあったんです。そうするとそれは、一般的に怒っているのではなくて、タクシー会社がどの会社かを特定して、その会社に電話かければいいだけですね。するとその問題は解決するんです。そういうことを、地域で話し合いをして欲しいわけなんです。それで個別の問題に市民が行動できるようにするためには、一人ではなくて協力し合うことでできるようになります。ディスカッションをし、データを重ねていくことを参加者が担っていく。ここでまさに「対話を行う」わけです。これが力になるわけです。それをこのキャンペーン自体が、仕掛けとしてもっているというわけなんです。まだ少ししか浸透していないと思いますけど、少しずつやりながら、地域の人たちが「この数えるって面白いね」って言っていただいているんです。ただもくもくと拾っていると腹も立つんですけど、ごみを数えていると腹を立てる前に数を数えなきゃいけないから精神衛生上もいいわけです。

不思議なんですね。これをやるとみんな病みつきになって、ごみ拾いが「もっとやりた

い」ってなるんです。繰り返しやれて楽しくなるんです。人にも働きかけやすいんです。ボランティアで、人のために、きれいにするためにお掃除しましょうと言うと、なかなか人は集まりません。なぜかっていうとそういう行為は、一種偽善的なというか、その動機がきれいすぎると人は感じるんです。あまりに動機が綺麗すぎて、欲得がくっついていない行為に対して、人は偽善的だと見るわけですから、逆に自分もそう見られるんじゃないかっていう恐れがあるんで、なかなかボランタリーなことに参加しにくいんです。このキャンペーンは「これは調査です」という大義名分が立つわけです。だからこれはボランティアではなくて調査行動です。

そういうところが違うんです。だから学校へ導入するときも、「大人の捨てたものを掃除させる」のではなくて、これは「地域にごみが落ちていてこれは問題である、嫌だとしたら、なぜああなのかを調査して考えてみましょう」という環境教育の教材にしているわけです。だからこれは道徳教育ではなくて環境教育です。そういう意味では、それを大人にも応用しているだけなんですが、それによって参加する人の意識がすごく違ってきます。

なぜ倫理的に見える行動に反発が多いのか

倫理的に見える行動に反発が多いのは、誰もが人間というのは、自分自身をふりかえるとわかるように、欲得抜きで行動しないと思っているんです。だから欲得抜きでこういうことを街のためにしましょうというと、美しい大義名分に反して、どうも疑わしいという躊躇する心が生まれます。それは私たち一人ひとりが純粋でもなんでもないということなんです。その人間の、何か、真っ当な自己認識に対して、純粋な気持ちでボランティアとか美しいことをしましょうねというアプローチの仕方は、どうも人間の本性にあってないんじゃないかと思うんです。

人間って、だらしなくて欲得好きで、どうしようもないものもいっぱい含んでいるんだということを一緒に取り込まなくてはならない。そして実際にやってみるとボランティアっていうものは、実に欲得だらけだったり名誉欲に駆られている人たちもいたり、どうもなるほど変なんだということが参加した人はわかるんで、そこから面白くなるんです。でも参加していない人は、そこに自分は入っていないからなんとなく後ろめたいんです。そのために、相手を必要以上に偉く見てしまう。高く崇めてかつ私とは違うもんだ、そういうことをする人は偉い人だというふうにしたがるもんなんです。でもそれは自分が参加しない後ろめたさをごまかすために、相手を持ち上げたり貶したりという心理的操作をするわけです。だからその入り口を、そういう意味での行動ではないんだという形で開いておくことは少しは役に立ってるかなと思いますね。これだけではなく、ボランティアっていつもこういうことを引きずっているんだと思うんですが。

もうひとつは、なぜすぐに子どもにごみ拾いをやらせれば教育になるって思っちゃうかということを考えてみると、昔ながらのしつけのイメージがすごく強いんだと思います。

もちろん実際に押しつけてやっても、子どもたちはごみを拾えば、ある程度の子どもが投げない子どもになるのは事実です。だけどそれを押しつけられたという記憶もまた何か問題を引き起こしているかも知れないんです。だから一見成果が上がったことだけを引き合いに出してもダメだと思います。そこで現状を調査し、皆で考えるという素材に、ごみを使うと考えれば環境教育になります。ワークショップをやれるわけです。正解はどこにもないわけですし、調査してから後は、取り組んでもいいし、必ずしも取り組まなくてもいいわけです。でもそういう形から入った方が、自分がごみをポイ捨てしない子どもになったり、価値判断ができる子どもになりやすい。大人も同じですけど、人に働きかけやすいんです。

だから一斉清掃を町内会でやってますよね、あのこと自体はもちろん一概に否定はできないんです。町内会が力を合わせてみんなでやりましょうとなっている町内会はそれでいいと思うんです。それはそれで地域がきれいになるし効果もあるし、コミュニティも動かして一生懸命やっている人はえらいと思います。でも今や一斉清掃って「出ないと白い目で見られる」「お金で払うからいいだろう」とか、けっこう不平不満が多いんです。コミュニティへの帰属意識が薄れているわけです。ですからそろそろ市が音頭をとってそれをやる時代ではないと私は思っているんです。それが「行政は公徳心を説かない」と言った理由です。だから行政のキャンペーンというのは、たとえば学校に持ち込んだときに、価値観の押しつけになるような道徳教育にならないようにする。逆に環境教育となるようなある種科学的な視点とか、ワークショップでものを考えていただくというようなたくさんの仕掛けをもっていて、初めて意味が出てくるのです。しかも、このキャンペーンは、行政から参加してくださいと市民に言っているわけですけど、参加は完全なエントリー制なんです。動員ではなく一人ずつやりたいという人が申込書を書いて市にＦＡＸをしてエントリーし、その人がグループを組織して自分でやるという形になっている。こういう市民活動型の行政キャンペーンってめずらしいんじゃないですか。

市民活動型のキャンペーン

こういうことは簡単にいえば、市民活動のやり方を行政政策の一環に持ち込んでいるわけです。いろんなところで近いことはあると思いますが、こんなにはっきりしているのはほかに少ないんじゃないかと思うし、行政は最初はなかなかやりにくいでしょうね。しかも登録された方で報告書を出した方を、ずっと毎回蓄積していくと、活動者の何百人かの名簿ができるわけです。その人たちに向かって次のキャンペーンを呼びかけてい

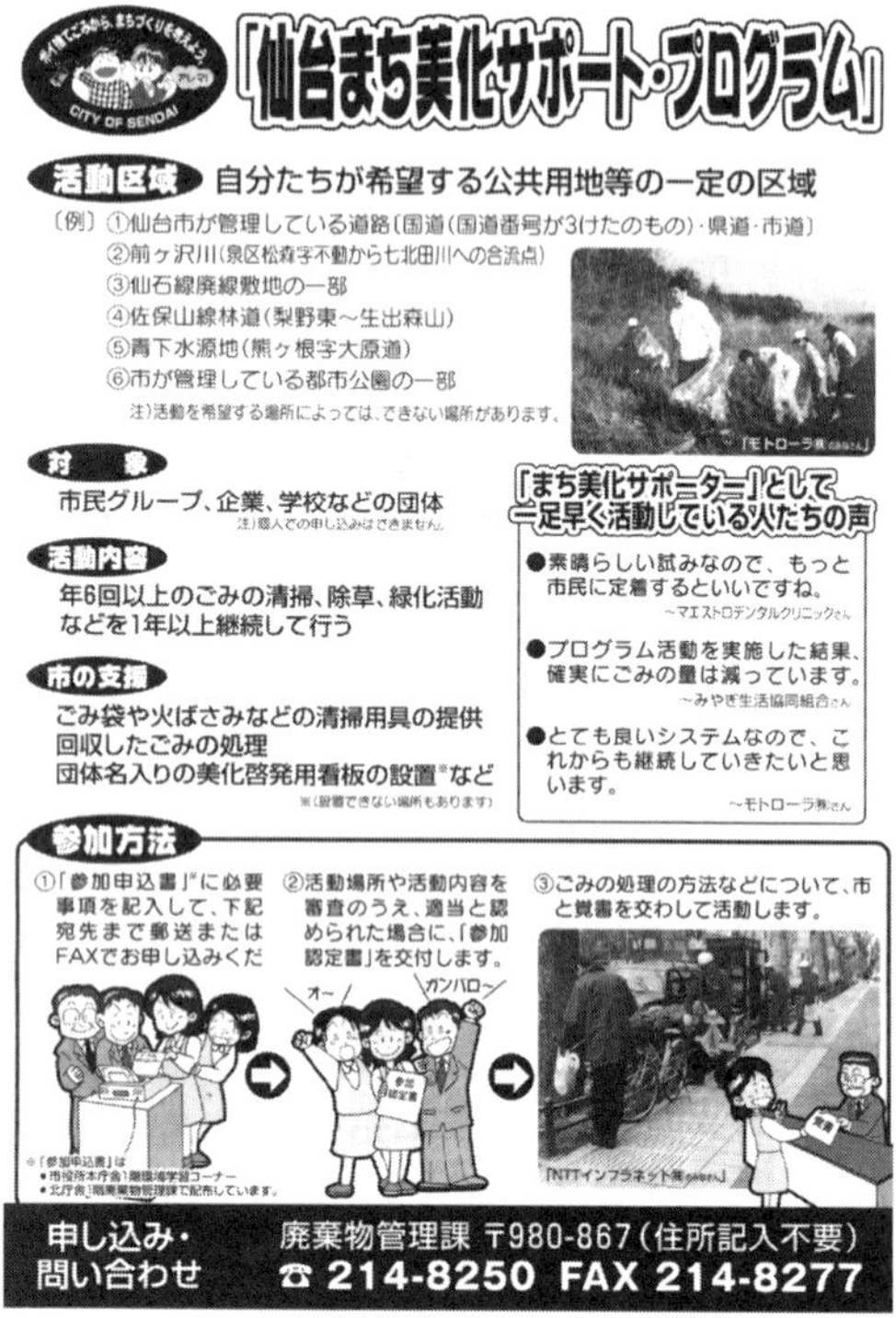

CITY OF SENDAI
「仙台まち美化サポート・プログラム」
活動区域 自分たちが希望する公共用地等の一定の区域
〔例〕①仙台市が管理している道路〔国道(国道番号が3けたのもの)・県道・市道〕
②前ヶ沢川(泉区松森字不動から七北田川への合流点)
③仙石線廃線敷地の一部
④佐保山線林道(梨野東～生出森山)
⑤青下水源地(熊ヶ根字大原道)
⑥市が管理している都市公園の一部
注)活動を希望する場所によっては、できない場所があります。
対象
市民グループ、企業、学校などの団体
活動内容
年6回以上のごみの清掃、除草、緑化活動などを1年以上継続して行う
市の支援
ごみ袋や火ばさみなどの清掃用具の提供
回収したごみの処理
団体名入りの美化啓発用看板の設置※など
※(設置できない場所もあります)
「まち美化サポーター」として一足早く活動している人たちの声
●素晴らしい試みなので、もっと市民に定着するといいですね。
～マエストロデンタルクリニックさん
●プログラム活動を実施した結果、確実にごみの量は減っています。
～みやぎ生活協同組合さん
●とても良いシステムなので、これからも継続していきたいと思います。
～モトローラ㈱さん
参加方法
①「参加申込書」※に必要事項を記入して、下記宛先まで郵送またはFAXでお申し込みください。
②活動場所や活動内容を審査のうえ、適当と認められた場合に、「参加認定書」を交付します。
③ごみの処理の方法などについて、市と覚書を交わして活動します。
オー～
ガンバロ～
「NTTインフラネット㈱さん」
申し込み・問い合わせ
廃棄物管理課 〒980-867(住所記入不要)
☎ 214-8250 FAX 214-8277

くとか、次に何をするかを一緒に考えていくわけですから、相乗効果は大きいです。そういうターゲットを誰にするかとか、どんなコンセプトでやるとか、顧客を継続的に把握するというような概念は、今までの行政の仕事の中にはあんまりないのです。それがつくれているというのはこれは大きいと思います。ただのお掃除キャンペーンではないというのがポイントです。

今は、これだけではなくてそこから派生していろいろなことをやっています。「アダプトプログラム」といって、道路や公園など一定の場所をそのグループが宣言をして責任を持ってお掃除をしますよということを、その場所に看板を立てて明示するという制度なんです。これも単なる行政主導で導入してもなかなかこううまくいかないと思うんですけど、元々のキャンペーンと活動の下地があったんで、すごくたくさんの団体が応募してきているんです。アダプトというのは、もともとの英語の意味が養子縁組という意味で、ある場所や建物を自分たちの責任で掃除をしたり、きれいにしたりするということです。活動を社会的に上手に認知をする仕組みですね。

そしてポイ捨てごみに関わるいろんな種類の活動を、連携して大きな一つのキャンペー

「まち美化サポーター」になろう！
●清掃活動区域を利用する人たちが、「まち美化サポーター」が清掃活動をしていることを知ることにより、「まち美化」の輪を広げます。
●市民や企業などの力を原動力として、「美しいまちづくり」を行います。
市では市民や事業者の皆さんとともに空き缶やたばこの吸い殻などのポイ捨てごみのない快適なまちづくりを進めるため、新たなまち美化への取り組みとして「仙台まち美化サポート・プログラム」を実施します。このプログラムに参加して市内の道路や公園などで定期的にボランティアによる清掃活動等を行っていただく「まち美化サポーター」を募集しています。
○○八百屋
気店
仙台まち美化
サポート・プログラムとは
SUPPORT
PROGRAM
一般的には「アダプト・プログラム」と言われ、市民や事業者が、市が管理する一定区間の公共空間を愛情を持って面倒をみるため、自らの「養子」とみなし、この養子の「里親」として、定期的・継続的にボランティアにより清掃等の活動などを行うものです。

ンなんだとコンセプトを統一するということです。バラバラだから今まで力がなかったんです。そういうことがうまくいくと、じわじわとキャンペーンの効果が出てくるんじゃないでしょうか。

　何度も新聞のコラムで取りあげられたり、よそから旅行に来た人が、ポスター見ておもしろそうだなと思い、公園が汚かったんで一人でお掃除してみましたなんて投書がきたりしています。そういうことってインパクトがあるじゃないですか。じわじわとそういう効果が出てきていて、いつも話題になるっていうのはいいですね。最近では、「仙台名物アレマ隊」と呼んでいます。

参加を再構築する

もともと人々は、その場やコミュニティに「参加」して「小さな意思決定」をして住んでいるはずだったのですが、あえてまた「参加」という仕組みをつくって活動しているというのは、面白いことです。もともとの古い意味でのコミュニティは、その参加が何重にも網羅されていたわけです。共同社会というのは、たとえば、その地域でのさまざまな役職があったり、祭りでは一般的には参加できない人、たとえば子どももお年寄りも、いろんな立場の人が何らかの役割を果たすように構造上デザインされているからこそ、「村をあげての祭り」と言ったんです。「祭りごと」っていうのはまさに「政りごと」で、すべての人が一緒に神の前で共同体に参加をするということを保障する制度だったんです。もともとそういう意味のものだった。ところがそういうものは近代になればなるほど「代理主義」の社会になり、議員とか政治家とか特定の人のものになり、「参加」が失われてきたわけです。

もう一つは、夜はただ寝に帰っているだけのような家とか団地が増えているわけで、全然地域に参加していない人も多い。行政に対しては、今までは参加というのは選挙以外できないんです。同様に企業に対しても市民はあくまで受益者で、商品を買う人で、ユーザーであるだけなんですけれど、非営利のセクターに対して、また地域コミュニティに対しては、一人ひとりの人は「参加」という「小さな意思決定」に関与することができるのです。そして参加が「所属」をつくるわけです。所属をつくり、所属意識こそが愛着を生むわけです。

もちろん所属意識というのは排他的にもなりうるわけですけれど、少なくとも参加というのは、そこで何らかの意思決定に関わるということなんです。どんな小さいレベルであっても、決定に関わるというのが参加であって、決定に関わっていなかったら参加ではないんです。そのことが、私が決めたことであるからこそ、私が守りたい、私がきれいにしておきたいということが生じるわけですから、参加と所属があり、所属が愛着をつくり、そしてその愛着こそがコミュニティの再構築といいましょうか、人のつながりをつくっていくということなんです。

そういうのが地域と社会そのものの中でぐちゃぐちゃに壊れていたり、そもそも存在しないようになっていたりするし、硬直化して特定の人たちに意思決定が握られたりしているわけですから、今やらなきゃいけないのは、参加を多種多様な方面から再構築しなくてはいけないといった方がいいわけです。古い枠組みほど、固定化し形骸化し、陳腐化しているわけです。

町内会の清掃というのは大事なんですけれども、団地って一定の所得で一定の年齢層の人たちがみんなまとまって高齢化したりしているわけです。そういう同じ所得と年代の人たちが団体でいるわけですから、そこに年寄りしかいないというか、皆が年寄りになって子どもが出ていくという状況になっているわけです。そういう団地のような地域は均質化していますから、たとえば子どもが不登校になったといったときに周りから白い目で見られるというのが普通の状態だった。

つまりコミュニティはそれなりにあるにもかかわらず、価値が均質・単一になって、そこからはずれる行動をとる人に対しては、コミュニティがサポートにならないんです。むしろ排除のコミュニティになってしまうということがあるわけです。それは単一価値で均質なコミュニティだから起きることですから、今からは、たとえば不登校の子どもの連絡会があるとか、あるいは家庭内暴力についての連絡会やサポートグループがあるとか、子育てで悩むお母さんのサークルがあるとか、そういうものが一つの地域に対して五〇〜一〇〇とかあるという、非常に重層的にコミュニティが形成をされているという状態に地域はならないといけない。その一端は、地縁コミュニティではなくて、テーマ別とか課題別コミュニティが、NPOやサークルという形で担うことが増えないといけない。問題が起きていない楽しいサークルはいくらでもあるんですが、問題を抱えた人のための地域のサポートの仕組みというのがいかに弱いかということは、結局子どもが金属バット振り回すまで、地域も親も何ともしょうがないということに表れているのです。学校行かなくなったからといって、すべての子がそういうことをするわけじゃないですが、その子と家族を、結局専門家と学校では支えきれないという現実があるわけです。コミュニティの力が圧倒的に不足していると思います。もともと日本の地域社会にそんな力はなかったかもしれません。

それは、これから、全く新しくというか、いま起きているいろんな動きが連携してつくっていくようになると思います。いままでは均質な世間型社会だったから話し合いをする必要もなかったともいえます。非常に均質なものだったんです。だから異質な他者とのコミュニケーションは必要なかった。高度成長以降の日本の、たとえば団地なんてそうでした。あるいは昔の村社会もそういうものだったかも知れません。

パブリックということが、日本ではいつの間にか国策になってしまうというのは、富国強兵という、つまり近代化を急ぐすべての国で起きることとです。富国というのはまさにビジネスを大きくすること、商売を繁盛させることですね。強兵というのはまさに行政セクターを大きくして支配しようということなんです。軍隊だけのことじゃなくて、近代化というのは、結局この二つのことをなるべく最短距離でやりましょうというのが東アジアの特徴的な近代化です。

そこでは、この二つが主になるというのは、まさに「公＝パブリック」ということがこの行政と企業という二つにセクターに独占されるといってもいいのです。特に、国に独占されたわけですから、人々が力を合わせて助け合うとか、地域のために行動する、社会のために行動するという行為そのものが、社会的に評価されない。特に日本は法律的にそのことを評価しない国です。一〇〇年前の民法３４条で、徹底して役所の許可制で「民間公益」のはずの公益法人をやってきたという構造そのものが異常だったということです。だから官主導でコングロマリットみたいに、利益共同体というものが公益法人だとか特殊法人だとかの官のまわりに集合しているわけです。まさにいまはそのようなあり方ではもうやっていけないということになっているんだと思うのです。

官と民との共犯関係

官だけではなく民の方もそれに対応しちゃったんです。わたしはそれを「共犯関係になっている」という言い方をしているんですが、やっぱり「官による公の独占」がまさに続いたのは、富国強兵のために必要だったとして、このときに民がどうだったかというときに、私は「世間」ということについて阿部謹也さんが言っていることと関係があると考えます。

「「世間」は私たちの社会に特徴的だというふうに彼は言っています。支配的だと。そして「世間」を、「個人個人を結ぶ関係の輪であり、会則や定款はないか、個人個人を強固な絆で結び付けている。しかし、個人が自分からすすんで世間をつくるわけではない。何となく、自分の位置がそこにあるものとして生きている」と定義している（『「世間」とは何か』講談社現代新書）。そして例えば、「団体旅行の場合、小さな世間がそこにはできていて、列車の中で宴会がはじまればその世間に属さない人の迷惑などはまずかえりみられることはない。同じ列車に乗っている人々はただの人であり、ほとんど関係のない人で、他人ですらないのである。いわば人間ですらないといってよい。自分達の世間の利害が何よりも優先されるのである。このように世間は排他的であり、敢えていえば差別的ですらある。（同書）」

簡単に「世間」はどの範囲かというと、顔見知りの人々とその周辺という一種の利害関係者の集団をさします。そういう範囲を「世間」という。そして、それを標準にして、その人たちの顔色を窺い、その人たちの考えを自分の自我にし、所属している世間の利益のためにのみ行動する。「世間」を基準にして顔色を見て生きていくということが日本の社会に特徴的だというのです。

じゃあ「世間」の外はなにかというと、赤の他人なんです。「社会」というのは赤の他人も含むわけです。つまり九州で農業している人は私とは何の関係もないんだけど、この「社会」の一員なんです。だけど「世間」という枠でいうと、私の「世間」にその人は「いない」わけですから、「世間」だけで生きていると、その人を無視して構わなくなっちゃうんです。この感覚が日本の役所や産業界のすべてを支配していました。そうすると、「公」の、つまり社会全体のことを、見ず知らずの人や赤の他人も含む社会のことを考えたりすることは役所の仕事だとなる。そうすると、私たちの産業界やあらゆる組織はどうなるかというと、まさに「世間」の内側の、身内の利益を優先する行動を平気で行ってしまう。それがこの間の不祥事に全部表れている。薬害エイズから銀行の不祥事まで、全部そっちになっちゃうのが典型的なんじゃないか。

一般には「『世間』というのがまだあるんだからしばらくは様子をみて『世間』に柔軟

に対応しなさい」と暗黙に教えているのだと思います。ボクはもうそれは違うんじゃないかと思いますね。昔流の「世間」は強固に残っているっていうけれども、もうそろそろグローバルスタンダードで外からぶち壊されているわけです。グローバルスタンダードが全てよいと言っているわけではありませんが、談合型・世間型社会ではイノベーションは起きないし、不公正であるとされます。これがこの間起きている銀行やデパートや警察の不祥事です。そして情報公開によって自治体の不祥事がどんどん出てきている。これは「世間」が外圧で、つまりグローバルスタンダードと市民の力でぶち壊されているということです。

だから、阿部さんも卒業する学生に向かっても「あんたはこれを壊す側にいくのか、それとも世間の顔色をうかがって生きるのか」ということは問うべきだと思うんです。もう一つはグローバルスタンダードではなくて、「そういうことはおかしいよ」という市民自身が、自分たちのことや社会全体のこと、あるいはこの地域で寝たきりの老人のことか、まさに「社会」のことなんですが、そのことを市民が自分で担って考えましょうと言いだした。つまり「公共的なことをやる市民」というのがこの間非常に増えたわけです。

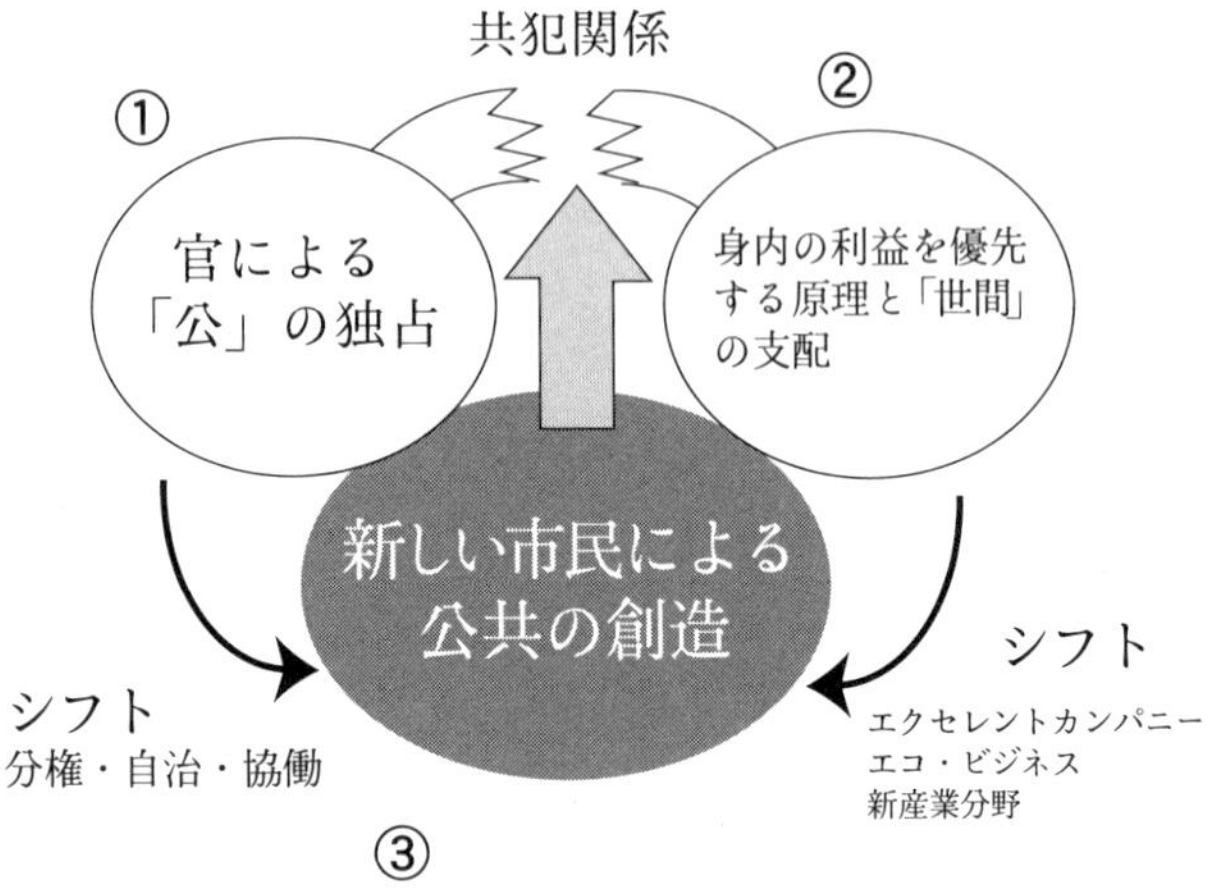
共犯関係
①
②
官による
「公」の独占
身内の利益を優先
する原理と「世間」
の支配
新しい市民による
公共の創造
シフト
分権・自治・協働
シフト
エクセレントカンパニー
エコ・ビジネス
新産業分野
③

①NPO法の成立によって自由に民間非営利法人を設立できるようになるまで、日本の民間公益セクターは主管庁に監督された官許法人と草の根市民活動団体の二重構造だった。
②「公」のことは「官」に任せることによって、顔見知りとその周辺の集団である「世間」が、私たちの身内の利益を優先する行動原理となってきた。赤の他人を含むものが「社会」であるが、「世間」に支配された人間は、「世間」に属さない人のことを考えない。
③広範なボランティア活動・市民活動の展開を通して市民自身が「公共」を担うものであるという認識が高くなってきた。

それで「世間」と「官による公の独占」の共犯関係が壊れている。

住民の公共性がどれくらい増えたか少しだけ補足しておくと、たとえば福祉の領域では『センタードマップ』の中に仙台の女性グループで「あかねグループ」というのが載っているんです。これは長い活動の歴史がある女性グループなんですけど、出版当時の一九八六年の段階では、ここが在宅の介護サービス、家事援助サービスを仙台では唯一先駆的にやっているんです。

記事にはこう書いてあります。「寝たきり老人の介護と話し相手などの福祉活動」「地域における老人介護などのテーマで学習会を主催。毎回六十人」。これは仙台だけではなく全国でも非常に先駆的な行動で、しかもこの人たちは高齢者福祉団体ではなくて、この時点では『センダードマップ』の分類では、女性問題の中に女と男という項目に入っている。これが当時、宮城県内で唯一の高齢者福祉問題を手がけていた市民団体で、ここ一つしかなかった。いま県内に在宅の介護サービスというか介護保険とか家事援助サービスと「宅老所」というミニデイサービスとそれから、高齢者給食サービスなどをやっている団体はかなり多くなっています。全部足すとおよそ一〇〇くらいあるんじゃないですか。これはつまり、いかに市民が、放っていたら誰もやってくれないから、自分たちでそういうものを担おうというふうにやってきたのかということなんです。私はこの『センダードマップ』という地域の市民活動情報本を、八七年に一冊目の本を作って、次に九一年に二冊目を発行して以来、ずっと地域調査をしてきたのですが、九〇年代に入ってこういう活

動団体が一気に増えるんです。その後さらに市民活動団体の地域調査を三回しているんですがますます増えているわけです。

やっぱりそれは、いかに市民が自分たちの暮しのために、公共領域を担うかということになってきている。これはたまたま福祉の領域の例ですが、その他の市民団体の数も増え続けているわけですね。そういうことを私は実感してきました。

これはグローバルスタンダードによる外圧と、公共を担う市民の力という内圧によって官と民の世間の「共犯関係」が崩壊しているということです。まさに役所による公の独占というものが、崩れつつある。まだ一見強固かもしれませんが、たとえ強固であっても彼らも自分でこのままやっていけないと思っているということです。役所の人たちでも、もうそれでは古いと思っているわけです。ただ今までに染みついてしまった作法とか、身体技法みたいなものがあって、それはなかなか脱ぎきれないというのはあるでしょうね。

生産性がない論争が起きないようにする技術

問題を解決しましょうというときのやり方というのは非常に多種多様にあると思うんです。だからこの「ポイ捨てごみ」のときにやった方法はそのほんの一例にすぎないわけで、このとおりにやれば必ずすべてのことがうまくいくわけではありません。毎回そのテーマごとで考えて違ったやり方をするわけです。対立のあるもの、初めから明確に二つに分かれているものの対話をするのは、また別のやり方をしなくちゃいけない。けれど大部分は何がなんだかわかんないんだけど解決しなきゃいけないという問題。とにかく何とかしたいというふうになっている場合も多いのです。

まちづくりなんかで、とりあえず集まったんだけど、何とかしたいんだけど何から手をつけていいのか分かんないとか、活動が作れないとか、いろんな状況があります。だからそのときにはアイデアを出したりとか合意を形成したりしてやっていこうとなればいいわけですから、答えは一つではない。自分たちで共同でそれを発見して、そして方向性を決めるというようなことが見えてくればいいわけだし、あるいはなにかに気づいてくれればいいというのもありますので、そのテーマによって、やり方はいろんなことを導入できるんです。最初に隣の人に怒っていることを喋ってもらうなんていうことは、言いたいことを大量にもってきている場ではとくに必要です。あるいは言いたいことがよく分からないという人もいるわけですから、そのときに「隣の人にとりあえず喋ってください」っていうのはどちらの場合も、自分が何を話したいのか明確になります。一対一は喋りにくいように思いますけど意外と喋りやすいんです。大概の人は大勢の人を相手に喋ることは困難ですね。つまり何か喋ることが整理されていなければ、手を挙げて立ち上がっては喋れないわけです。だけど人っていうのはなにか言いたいことを必ずもっているわけなんで、目の前の人に語るんだったら、喋っているうちになんか一つくらいちゃんと話すことが整理されて気づくんです。

最初に書く

だからそういう場をちゃんと用意するということで喋ることを整理してもらうことが必要です。状況とテーマによるけど、発言を多くの人からもらわなければならない場合には、たとえばポストイットとかカードとかに、何を言いたいかということをまず先に書いてもらって、発言をしてもらうということも有効です。つまりその紙を読んでもらって、それから補足してもらうということです。そうするとかなり整理された話し合いができます。それから「順番で端から感想を喋りましょう」とかよく言いますけど、ああいうことをやると、後ろの方の人は、やがて自分の番がくるんだけどすぐはこないということになって、人の話を聞かないで自分の喋ることを考えるわけです。そうなるのを防ぐためには前もって三分なら三分間で、喋ることを考えてカードやポストイットに書いてもらって、それから人の話を聞けば、喋ることは混ざらないし、変えられないということはあります。そういう性質を利用すると、皆がきちんとしたことを喋れるようになります。

だからいろいろな集まりがゴチャゴチャにならないためには、たとえば一人ひとりがちゃんとしたことを喋れる、あるいは聴けるというのが重要なわけで、それさえあればかなりの場は整理されていくものです。感情も含めて場に共有されることによって、自分たちの力で解決していくことができます。あとはいくつもの意見が出たときの整理の仕方というのもファシリテーションの技術です。ファシリテーターがある程度皆に見える形にまとめるか、グループでまとめさせるかというのは内容によります。書いたものを途中に挟むというか、「書くという行為」と「話したり聴いたりという行為」を交互に挟むというのは非常に効果的ですね。記録も残りますから。話し言葉だけでやるとコミュニケーションというのは非常によじれていくというか、自分がどの位置にいるか、わかんなくなっちゃいます。前の人の喋ったことが記録に残ってないと、人間て全然違うことで反論したりするじゃないですか。人の話を勝手に勘違いして聞きますよ。そういうことはかなり減らせるんです。

すごく劇的なことがありました。九三年のことですが、エイズの問題をずっと取り組んでいたときに、エイズ問題のワークショップを全国各地でやっていたんです。そのころ行政は、ただ「正しい知識を伝えましょう」ということをキャンペーンしていたんです。だけどそれはほとんど役に立たない。なぜかというと、まともな医療がない状態で、ちゃんと病院で診てもらえないような病気を差別するなと言ったって無理でしょう。私たちはだから、ちゃんとした医療の確立と薬害隠しをやめることがもっとも緊急の課題と認識していました。そして政府のそういうキャンペーンじゃダメだと思ったんで、正しい知識ではなくて、まずエイズという病気を、他人のことではなくて自分事になるというか、差別とか患者の気持ちとか、さっきの学習塾の子どもの話でも出てきたけど、そういうことが自分のこととして感じられるようになるワークショップをやって、そのことを通して感染者をサポートする人材をつくるということを、一年間くらい日本中歩いてやってたんです。全部で一〇回以上やったと思うんですが、沖縄まで行ってやってたこともあるんです。そのときのワークショップは、簡単にいうと導入で「あなたにとってエイズとは何ですか」という質問を参加者に投げかけて、それをカードに書いてもらって、端からそれをずっと読み上げるという非常にシンプルなことを中心にしていました。けれど、最初にカードに書いていると、自分の意見を変更できないところがミソです。

それから、もちろんここで話されることは参加者のプライバシーですから一切外に漏らしてはいけません、そして誰も話したことであなたを非難することはありません、と場の安全を保つためのルールを説明しておいてやるわけです。薬害の被害者とかゲイの人とか、HIVに感染している人も参加をするようなワークショップをやってたんですけど、ワークショップの中で、その人たちが自分がそういう立場であるということを話す場合と必ずしも話さない場合があります。この場は安全で、自分は感染をしているけれども、あるいはゲイだけれども、そのことをここにいる人たちに聴いて欲しいんだと思ったときはその人は話しをする、カミングアウトするということになるのですが、それは前もってはわかりません。参加者も私も、主催者でもわからない。誰が感染者で誰がゲイであるとかはもともとわからないんです。そういう場をつくっていたんで、たとえば参加者のなかには、「エイズの人はかわいそうだ、薬害の人はかわいそうだと思うけど、同性愛でエイズになった人は自業自得じゃないか」とか、あるいは「同性愛の人は気持ち悪い」という感想をカードに素直に書く人がいるわけです。そのカードをもっている人がいて、その人の何人か前に「実は自分はゲイで、エイズというものは自分にとって非常に身近に感じていて、恐怖を感じているんだ」というようなカードを読む人がいると、その人はものすごくショックじゃないですか。その人とさっきまで会話を交わしていたわけです。でも、ゲイの人だと思っても見なかった。順番が回ってきて自分がカードを読まなきゃいけないときに「ゲイの人は気持ち悪い」って書いてしまったものを読むわけです。これを読むって、人間としてすごいショックですね。だけどカードに書いているから自分をごまかせないいんです。誰もそれをおかしいと指摘しなくても、自分でショックを受けてわかるんです。

話す／聴くという行為

感染している者の人が発言するときも同じですよね。「自業自得だ」といわれた人が発言することだってあるわけです。そういうことをやっていたものですから、実は「書くという行為」と「話す／聴くという行為」、こういうことが上手に積み重なるだけで、コミュニケーションというのは非常に深くなる。そして人が意味のない会話をするんじゃない、対話をつくることができる。書くというときは、一人だけになって自分の言葉をつくるわけですから、そこでも浮いたことだけを書く人もいるわけですけれども、それはただ読んでいるだけで、自分が恥ずかしくなってくるわけです。自分というのを見つめない、表面的なことだけを書いていると場の中で「浮く」んです、そういうカードっていうのは。それを誰も批判する必要はないんです。そんなことは、皆がちゃんとしたことを語っていればすぐわかるわけです。人というのは、人と比べて自分を見ますから、ファシリテーターが指摘する必要は非常に少なくなります。あるいは指摘したことの何倍も勝手に学ぶということに場はなるのです。誰かがものを教えるんではなくて、相互に、一対多、多対多の間で、複数、複々数のコミュニケーションが自動的に、同時に行われるような場を保障すれば、人は勝手に学ぶんだということだと思うんです。だからファシリテーターは場で起きている全てのコミュニケーションを管理することはできないし、できないからこそ豊かな場が生まれるのです。

今インターネットの時代になって、メーリングリストだったり、電子会議室だったりするものが、そういうことを技術的にはサポートしているんですけど、理念的にそういうことを誰もサポートしていないもんだから、そこが単なる相手をやっつける場になったりとか、いろんなことが起きるだろうと思うんです。だからまさにそういうことは文化とか作法とかで保障されていかないといけない。でないと技術が単なる技術で終わっちゃうんだろうという気がします。僕は「場の技術と文化」みたいなものが、インターネット上も含めて、あるいは教室で、あるいは市民活動のなかで、地域のなかで、いかに適切につくられていくか、そして使われていくかという、そういうことがものすごく重要なんじゃないかと思っています。

たとえば、団体の活動が何となく行き詰まったというときに、グループのなかできちんとしたコミュニケーションをするということ一つで、何が課題で、何が欠けていてグループの一人ひとりが「ああ、私が人のせいにしてこういうふうに思ってたかな」ということを正直に喋れるとかすれば、かなりのことは解決します。おもしろおかしいだけのグループだったらそういうことはいらないかもしれないですけど、きついことをやり続けているような団体、たとえば私が代表をしているエイズのことをやっている団体だったら、かなり精神的にきついことをやってるわけなんですが、その中で行き詰まってくると、そういうことをワークショップで話し合ってみるわけです。事前の課題に応えて全部の人がレポートを書いてきて、それを互いに読むなんてことでやるわけですけど、前もってそれぞれが一人になって考えてから会議をするのと、ただ集まってから話しをするのでは相当違います。そういうことを上手に組み合わせることが、恐らく不毛で無駄な対立的な議論とか教条的な議論に陥らないためには必要です。そのためには初めから深味のある、中身のある言葉をひとり一人が紡ぎ出す必要があるわけです。そうすれば相手も相互的に触発されるわけです。いまのところそういう場や関係をつくるファシリテーターがいて、それを支援できないと、なかなかそういう対話にはならないと思うんです。

さまざまな意見がグルーピングされて、その中で自分の言葉が対象化されて見えるということは、大きいでしょう。さっきのカードのことなんかもそうで、必ず自分の発言がここにあるということは安心感につながります。無視されていないということです。というのは多くの意見は、なかには突拍子のない意見も様々あるわけなんですが、それでも無視されていない安心感が必要なんです。

多数決が万能か？

多数決をとるためには、その前にたくさんの論点であるとか、一人一人がそのことで何を感じているかとか、いろんなものが共有されていて初めて決がとれると思うんですが、今は、議論が共有されていないうちに決がとられたり、あるいはディベートをして勝ち負けを決めたりする。ディベートは正しくやれば論点を正しく整理するということがあるんですが、現実の場では、論点そのものがでたらめのまんま、なんだか分かんないけれど多数決にいったりすることも多いです。決をとるというのが議論を打ちきるための方法だったりするわけです。そういうことが変なんじゃないかという気がします。それと、二者択一や多数決で決めない方がいいことはたくさんあるし、そもそも、すべてのことが多数決では決められるわけではないのです。つまり対立的な選択ではなくて、ある方向性なんかをみんなが合意するというときに、真っ向からそれに反対する人はいないわけです。だから多数決になるようなタイプの、たとえばAというイベントとBというイベントという提案があって、どっちかを選びましょうというときは多数決になったっていいんですけれども、普通の議論っていうのは多数決になじまない議論が多いんじゃないですか。ところが逆にいうと僕らは多数決のやり方しか方法を知らない。議論を深めて論点の整理をし、情報を共有し、つまり人の話を本当に聴いていいところを採って、組み合わせたりということをして、会議がアイデアの発想の場にならないで、やっつける議論と多数決の場になるわけでしょう。それはやっぱりおかしいんじゃないでしょうか。

たとえばポイ捨て問題では、最初は条例で罰則を決めたいという人が多かったわけです。罰則導入反対の数人に対して賛成数十人です。ところが五回のフォーラムをやって、最後に百四〇人くらいのフォーラムをやって、専門家の話も入れて、さらにこれを一人一人に解決策を書いてもらってもう一枚大きい図に意見を整理してみたんです。そうしたら罰則つけろという人とつけないで別の手を打ちたいという人がほぼ同数になった。しかもそれは全体のなかで一部の意見、つまり他にもいろいろな解決策があるということになったんです。意見を変更するか、あるいはその論点についてちゃんと意見を出す人が、最初は三〇対二くらいで、反対の人は一割くらいしかいないですけども、それ以外の意見を出している人が反対だったのか賛成だったのかと訊けば、もっとさまざまな意見が増えるということです。それが見えていないということなんで、その前に単なる多数決やっちゃうとそれはわかんなくなっちゃうんです。一般の人たちにアンケートを採ったら、罰則をつけろという人は七割とか八割とかいるんです。それは非常に浅いレベルで、罰則罰金を適用するためにどのような手続きが必要であり、それは現実に可能なのかという議論を一切しないからですね。だから架空の議論で多数決をとっても仕方がないわけです。

議論の深さとか事実をみることがないとだめということ

たとえば現実に罰金罰則をつけた市町村で効果が非常に上がったという例はまずないとか、そもそも、実際には適用されていないんです。つまり脅しなんです。もしやるとすれば、そういう情報を踏まえた上でなお、罰則をつけるべきです。そしてどうしても市民を脅す必要があると考えるか、違った手を私たちと仙台市は選択すると考えるかというところまでわかっての多数決ならばいいんです。その頃合いというのは、ある程度時間が必要だとか技術的にあると思うんです。相手や全体の時間の制限もあるので、どこまで深められるかということです。この場合だと一年かかって深めていきましょうと、実際はほぼ半年のプロセスがあったんで、そこで最終的にまとまった図では、賛否ほぼ同数になった。他の手だてもいろいろ考えるということも入れて、そのことをベースに条例をつくりましょうとなったわけです。そして最後の決断は多数決といっても、ワークショップにきた人は延べ数百人なんで、仙台市民は百万人いるわけですから、決して多数じゃないですね。その結論を委ねられた行政の人が最終的に条文をつくる。どちらかというと私たちが最後の全部を決めたわけではない。参加はして意見は出していますけれども、それをベースにどういうまちづくりをしたいんだという市民の意見を反映して、仙台市の環境局の決意というものによって最終決断はしてもらったということなんです。

条例の考え方としては、まず市民による取り組みに支援をして、罰則はつけないという条例にしたんです。それはさまざまな対策、施策を市民と一緒にこれから行っていくためには、片一方で市民を脅していると都合が悪いし、整合性がないんです。脅しをしないことで「その代わり共同でやりましょう」ということを言うことができる。あくまで市民のアクションということを重視するんだったら、論理的必然に、罰則つけて脅す方は止めましょうということがでてきたんで、仙台市はそうしました。それと罰則をつけろと要求していた人も、今の流れのなかでは「そういうことか」とそれなりに理解してきている。だから「私はまだ罰則をつけろと思っていますよ」という人もいるんですけど、そういう人でも、このキャンペーンには参加してくださるんです。ここが、今までならば対立的になったら分かれちゃうじゃないですか、そこの違いだと思うんです。「とりあえず努力してみましょう」と。効果がもし上がらないとしたら何年か先に罰則つけて脅すしかないですね、となる可能性はあるんですよということを言うと、互いに認めあっているということです。

多数決ではない方法

要するに多数決というのは、きちんとした議論をして、結論をつくっていくというプロセスのごく一部のことです。それがすべてになっちゃってはいけない。たとえば住民投票ってあります。何か「住民投票はすばらしいんだ」というふうにいってるとしたら間違いであって、地域できちんとした議論をして、地域社会で合意をつくって、その地域社会がもちろん日本全体のことを考えた上で、たとえば、ここに河口堰はいらないと決めるのができれば住民投票はいらないです。ところが住民がうまくやっても外からごり押しがくるとか、議論がうまくできなくて対立的になってしまって決着をつけなきゃいけないから「最後の手段」として住民投票をやる。しかも議会が民意と捻れているという問題があるわけです。民意と首長や議会が捻れているから住民投票やろうということになるわけです。つまり制度上の欠陥があるので住民投票はやらざるをえない。つまり「最後の手段」であり、地域の合意形成に失敗しているという、簡単にいえばそういうことでしょう。だからあれはすばらしいんじゃなくて、合意形成を適切にしていくとか、そういう意味での新しい結論を地域の人が話し合うことで、出していけるならば投票や多数決はしなくてもいいというわけです。

それともうひとつ、ポイ捨てごみ問題に関わったのは、数百人の市民の議論に過ぎないんだけれど、そのことに非常に関心のある数百人の議論なんです。他には無関心の人たちがたくさんいるわけです。だからそこでも多数決で決めたら、無関心が勝つわけだけど、そうじゃないですよということです。この問題を必死に解決しようとしている人たちの方針や合意形成というものは、市の政策のなかでかなり反映される必要がある。なぜかというと、仙台市の環境局もこの人たちと同じようにそのことに一生懸命取り組もうとしているのだということが大事なんです。取り組もうとしていない人の意見をただ単に数だけで尊重したってどうしようもないわけです。多数決って非常に正しいもののようにわたしたちは思っていますけれども、多数決をするまでの条件が整っていない状況の方が多いんじゃないか。

結局選挙で多数決で市長が選ばれているわけですから、多数決の原理が貫徹しているわけですが、そこでは多数決が「伝家の宝刀」というふうになっている。それで使われているのが「議会でおれたちが決めたんじゃないか」とか。そうすると住民の大多数が反対のものでも議会を通ったりしちゃいます。でも議員さんに投票しているときでも、民主主義というのは「私たちは白紙委任をしているわけではありません」ということです。議員や首長の行動を監視し、おかしいものはおかしいという権利は市民の側に常にあるわけですから。そして住民投票してみたら正反対になるようなことを議員が決めてしまうということがしばしば起きているということは、代議制とか自治の範囲とか制度というものが万能ではないということです。権力を握っている人が万能であるという使い方をしてはいけないんです。「これは非常に制限された権力であり、もし自分たちが権力を行使しているにも関わらず、どうも大多数の人がなぜ違うと言っているのか？」と、そう考えるのが権力を委任された者の仕事だと思うんですけど、勘違いする人が多くて、なかなかそうなっていないわけです。だからこそ住民投票になっているのでしょう。

職能と職業倫理について

この国にはいろんな専門職があるわけです。昔から鍛冶屋さんとか桶職人とか瓦職人とかいろいろな職人がいたわけですけど、私たちの今の社会は近代社会ですから、個人で自営業者としての職人ではなくて、多くの職人や技術者は、建設コンサルタントとかはまさにそうなんですけど、実は巨大な組織に所属しているんです。会社に所属していて、組織の中で職能を発揮しているということが多いのです。一方で、個人をベースとして税理士さんとか弁護士さんとか、そういう職能もあるわけです。建設コンサルタントとか建築士とか、その他大企業で働いている技術系の人々っていうのはとてもたくさんいます。行政のなかにもそういう人はいるわけです。彼らは高度成長期まで矛盾を感じないで、つまりビルやダムを造ることが正しかったと思い込み、そして国が発注する工事をしていたわけですから、ゼネコンが請け負って彼らが設計してダムつくる。とすると、そこでイヌワシが死のうとなにが死のうと基本的には疑問をもたない。むしろ国策ですから、これをつくることが正しくてよいことで、反対する人たちは非国民だった。お客様は誰かといえば国だった。私は土木学会で直接話を聞いたのですが、彼らは自分でお客様は国だと思っていたと言っているんです。クライアントは国でしたと。それこそピラミッドから万里の長城まで土木技術者というのは人類の文明をつくってきたんだと誇りに思ってきたわけです。

そういう人たちが、この頃は地域住民に嫌われるようなものとか、うまく使ってもらえないようなものとか迷惑なものも造ったんじゃないかと反省しつつあるんです。最近ですけど、その土木学会で「倫理規定」を作り直すということをやったんです。こういう技術者の倫理綱領というのは、そういう職能ごとにあって当たり前です。つまり行政や発注者や企業の利益がもしすべてに優先するんだったら技術者の倫理は存在しないんです。その中で専門家として価値があるということはどういうことか。技術力をもっているだけだったらただの奴隷です。そうではないんです。その技術を社会に適切に使うためには、していいこととしていけないことがある。そのことをその職能を持っている人たちの集団が前もって決めてないといけないです。こういうものをしちゃいけないとか、こういうあり方でなきゃいけないとかいう倫理規定をもっていないといけないということです。日本では、一九三八年に土木学会が、「土木技術者の信条および実践要綱」を策定し、それを社会環境の変化と時代の要請に対応して一九九九年に改定し、新しく「土木技術者の倫理規定」を制定しています。

昔からあったけれど、うまく機能していなかったということでしょう。それはこういうことです。ゼネコンの仕事をしているコンサルタントの人が、ある市民が厚さ十センチにも及ぶアセスメントの書類を見てくれともってきたというんです。昔はそんなものは出てこなかったんですが、今は、行政から情報公開で取れるわけです。「これどうもおかしいと思うからみてくれ」て言われたんで、そのコンサルタントの人はパラパラ書類を見た。そしたら一時間くらいみるだけで十カ所とかおかしいところがあったというんです。どうも斜面の計算がおかしいとか、ここをごまかしてるとか、コンクリートの厚みが違うとか、そういうことを団地計画のアセスメントの書類を見てよくわかるというわけです。これはおかしい、大変ひどいことをしている。だけどそのことを言えない。なぜかと言えば、そのコンサルタントの人はその書類を出したゼネコンから仕事もらっているっていうわけです。そうすると公の場に出て、これはおかしいって絶対に言えないっていうんです。そんなふうに言葉を発することができないのなら、これは企業の奴隷ということでしょう。つまり長い間そういう時代だったんです。疑問をもった人がその職場を追われて潰されて飯が食えなくなるのが怖いから、ウソをつきつづけて生きてきた。そこには職業倫理なんていうものは存在しないわけです。つまり職能集団としてのアイデンティティがないっていうことです。ということは、技術者にとって日本はとても不幸な国だったんじゃないですかね。

だからこそ私は彼らに、今こそ市民とＮＰＯをつくるべきだと言っています。時代は変わったんです。情報公開でそういうインチキな書類はみんな開示される時代です。そしてあなた達プロの目でこれを見れば、おかしいものはおかしいといえるじゃないですか。そのときに実名出さなくてもいいですよ。ＮＰＯをつくって、あなた達はみんな会員として参加して、それは業界団体という自分たちの職業の利益を守るための団体ではなくて、社会の公益を守るための団体をつくるんです、と。そこにあなた達が参加をし、市民と一緒に行政側があるいはゼネコン側が出してきたり、金に転んだ技術者がインチキな書類を出したりしているわけですから、そういうアセスメントの書類なんてたくさんあるわけですから、そういうものがおかしいのだということをプロの集団として言える時代にならなきゃいけないでしょうということなんです。

とにかく、工事現場でイヌワシの巣が発見されれば、こっそりその木を切り倒したりしてしまうような国ですからね、この国は。アセスメントの書類に本当のことを書いたら、次から仕事がもらえないって、そういう仕事をしている人たちの皆が言っていますよ。

NPOで職人のプライドをつくる

これはNPOで変わるんですよ。簡単にいうと市民と一緒にNPOをやるっていうことは、その職能集団が、つまり技術者の集団が自分たちの利益のために行動するんじゃなくて、社会全体の利益のために行動する技術者の集団になるということなんです。この観点が日本にはなかったんです。だから職人としてのアイデンティティがもてないわけです。それでは非常に不幸なことだと僕は思うし、そういうことはようやく情報公開ということと、彼ら自身、技術者が目覚めることと、そして倫理綱領を制定するという方向性のなかで初めて獲得できることになったわけです。これは大きいと思うんです。あらゆる技術者のなかにこれは関係するんじゃないかとわたしは思うんです。日本の仕事、たとえば医療やそういう世界では、病院を守らなくてはならない、会社を守らなきゃならない、首になっちゃいけない、そのことのために実は真実は語れないということが続いてきたわけです。そのとき職能というか、その個人が所属する組織とは別の倫理によって動かなくてはいけないわけです。その個人を、企業に捕らえられた個人を、その職能集団は守らなきゃいけないのに、今までは企業の奴隷のままだったんです。その職能の集団も企業と同じ世間を構成し、利益の共犯者だったからです。その構造を変えるということができないと、日本社会は変わらないんだと思うんですけどね。そういう可能性は今ようやくでてきたかなというふうに思っています。職人としての誇りがもてない社会といったらいいのかなあ、この国は。そうだったんだというふうにコンサルタントの人の話を聞いてよく分かりました。そして学会でそういう発言がでるということは、世の中変わりつつあるのです。

私は前、商売人だったのですが、小さな商店の商人の倫理なんていうのは、なかなか悪いものではないと思います。昔ながらの日本でいう商道徳みたいなものは、それなりにまともなものだったと思います。それはなにかというと、地域に根ざしている商いということです。つまり「そこから逃げられない人の商売」というふうに私はお店で言っていたんですけど、マルチ商法とか勤め人であれば責任とらなくても、途中でいやになって商売止めたりしてもいいわけです。何か起こっても逃げられるわけです。ところが私たちお店を構えている人間は、ここから逃げられないということなんです。そしてウソをついたら必ずあとで責任をとらせられるわけです。そういうことを背負って商売はしている。そうでないやつもいるかも知れないけれど。そういうことがマルチ商法みたいなビジネスと私たち商店の「差」なんですよ。そういう意味で地域でこつこつと生きている商店みたいな存在は非常にいいんじゃないかなって思っています。そういう街とね、そういう人が生き生きとしている街の方が、楽しい街ですよ。だってスーパーマーケットだけになってしまったら、街は楽しくなくなるじゃないですか。コミュニティが壊れてるっていうのが現実じゃないですか。大きいスーパーがきて、地域の商店ぶっ壊して、売れなくなると撤退してしまう。結局いいこと何にもないんです、地域にしては。それが現実です。

一方、地価に頼って、商売ではなくビルを建ててテナント料で食べている店もあります。そういうところが増えてます。まあ、商売っていうのは、小商いをしているのがばかばかしくなるという側面はあります。だからそういう人が、いいオーナーになって、本当に若い人とかね、新しい可能性がある店子を入れるといい。仙台の真ん中も大手の全国チェーン店ばっかりになっています。そうじゃないチャレンジをしてもらいたいと思うんですけど、税金も高いとかいろいろあるから難しいんでしょうか。あとは、フランスとかあちらの国で、たとえばパン屋さんとか職人というと「誇り」があって、子どもも必ず跡を継いでいる。やっぱりそのことに誇りをもてる社会っていうのがあるんです。日本はそういうのは良くないことで、どんどんサラリーマンになって、大きい会社に就職することが良いっていう国をやってきたんで、商売の跡を継がない。だから小さな商売が亡びちゃったんです。何しろ農家以上に嫁が来ない。仕事そのものに誇りがもてなかったわけです。ぼくはそういう世界にいたので、皆が跡継がないような商売をしている人たちや滅んでいく人たちのところにいたのです。時計屋さんとかそういうところだったんで、見て本当にもったいないなって、逆に思っていましたね。こんなにいい生き方や仕事なんてなかなかないのに、みんなが何でこういうことを嫌がって、大きな会社の奴隷になりたがるのかなというのを、すごく思ってました。どこへいっても不思議だったんです。

社会全体がマインドコントロールをされていたんです。だからその小さな仕事であり、地域の人とのコミュニケーションの中で、まちづくりをしながら一緒に生きていくみたいなあり方がどれほどゆとりがあって、味わいのあることかわからない。個々の商店も厳しくなっていますからあんまりゆとりがあるとは言えないですけど、地域の人もそのことに価値を認めれば、もっと商店が伸びていくと思うんです。認めないで、ただ安いとか、東京のファッションに行っちゃうんで、地域がつぶれていくわけです。そういう意味では相互的にお客も商店を潰しているし、商店の人も自分の子どもを見限らせていくことで商売をつぶしている。農業がそうでしょう？「跡継がせたくない」って言って農業やってる人のところで子どもが跡継ぐわけがないです。つまり、楽しくてやっているところに人はくるわけだから、その価値を、農業であっても商売であっても認められなければダメです。私が商売をしていた二〇年くらい前、本当に大変だったのは、跡取りに嫁がこない商店なんです。農業の嫁飢饉どころじゃないんです。田舎行くともう四〇過ぎて「おらの息子に嫁来ないどうにかしてくれ」って言っているようなお店がたくさんあるんです。だから世の中の見方が間違ってんじゃないでしょうか。商店はみんな。給料も安いし、収入も少ないですからね。まあそういうところで感じます。

もう一つはやっぱり、小さな商いをしている人たちと一緒につき合ってきたんで、人間のあり方としてうなづけるものがあります。私は自分でレジ売って、お客さんに頭下げてること自体楽しいです。何一つ億劫ではない。まあいろいろ嫌なことは、そりゃ商売ですからありますけれども、でも楽しいことの方が多いんじゃないでしょうか。

私たちのコミュニケーションの4つの課題

さて、ここからは今までの話を少し整理してみたいと思います。まず、私たちの、あるいはこの国のコミュニケーションに関する課題を私は以下のように考えています。

(1) 人とコトを分けられない

最初に、これは日本に独特なのか、東アジア全体がこうなのか、いろいろ違うところがあってよくわかんないですけれども、問題の一つに「人とコトを分けられない」ということがあります。つまり、感情をうまく処理できない。これは議論をしているんだというのが、いつの間にか人格問題になっちゃうというのがたくさんあるんです。

努力をして、人とコトを分けましょうというのも一つの解決策なんですが、わたしはどうも感情を上手に処理をし、感じていることをシェアするというようなグループコミュニケーション技術で、感情も伴う議論の仕方を必要としていると思っています。つまり感情を置いといて、これは「コト」なんだからばんばんやっつけてもいいんだ、という欧米流のコミュニケーションは、かなり無理なんじゃないかなと思うんです。文化変えなきゃいけませんから。これはそう簡単には変わらないというか時間がかかる。それは一種の近代化だと思うんです。感情を外に置いといて議論をしましょう、論理だけで議論しましょうという話は、ある種のヨーロッパ型の個人を前提にしてます。

私はそれでいいのかっていう問題を考えていて、むしろたとえばネイティブアメリカンの人たちの議論の文化なんかは、感情とか精神とか魂が語らなきゃいけないというところをもっているわけです。そういうところを私たちは取り戻した方がいいのかも知れないと思います。グループコミュニケーションの技術のなかで、今感じていることを話をするとか、感じていることと考えていることをミックスさせていくとか、そういう場をつくらなきゃいけない。単に人とコトを分けましょうというだけではこの問題は解決しないんじゃないかというのが、グループでのコミュニケーションのワークショップをやっている理由です。

(2) 世間が存在する

もう一つは「世間が存在する」ということなんですね。コミュニケーションのための障害になっているのは、価値判断の基準を個人が決断して決めるんじゃなくて、世間の顔色を見てから決める。つまり自分の意見がない人が多いということです。「意見言ってください」といったときに、「質問ありませんか」といったときに、皆の顔色みて、自分では何一つ考えていない人が多いっていうのはこの国の特徴です。

それは「意見」というものは「つくる」ものだ、ということなんです。自覚をしてつくらない限り、意見なんてないんだということに気づいていないんです。だから「質問ありませんか」と言われても何もないんです。ですから私が講演するときは「講演の最初から最後までで質問を三つつくってください」と言うと、初めて「質問をつくる」ようになるんです。それでもってコミュニケーションが成り立つわけで、「意見とか質問をつくる場づくり」をやらないと意見ができない。そもそも「世間」の中で生きるには意見はもってはいけないものだったのです。それから、その意見を表現してもらうときに順番に喋らせたりすると、先に発言した力のある人とか声の大きい人とかに遠慮してしまう。いろんな問題があるんです。だからカードに書くとか、ポストイットに書くとか、発言の順番をバラバラにするとかいろんな方法があるんですが、人の顔色を見て喋るのではなくて、人の意見に左右されない、前もって自分で考えて自己決定してもらった意見を用意して置いて、それからコミュニケーションする。そういう場のあり方をつくらないと、議論ができないのです。

これは「世間」のせいなんで、この世間を内面化した人たちがいるからこそ、それを何とか乗り越える技術がいるなと考えているんです。さっきのカードを使うというのはそういうことなんです。自分の意見をつくってもらうということになる。感じていない人は何も書けませんから。でもトレーニングして繰り返していくと、書けるようになってくるわけです。

(3) 自己チューが増えている

三番目に「自己チューが増えている」ということがあります。一見すると「世間」と「自己チュー」は対極にあるわけですけど、二つは同じことなのかなと思うのです。というのは、私たちの状態は「世間はある、社会はない」という状態なので、世間が崩れると社会規範がなくなってしまうということです。そしてもともと個人はないわけですから、社会性ゼロの「自己チュー」が増える。つまり世間のなかで、世間を基準に生きるという基準やルールしか教えられていないために、世間がなくなっちゃったら社会性はないわけです。もともと社会がないんですから。そこで自己チューになっちゃうわけです。これがやはり今は多いのかなと思います。いい例かどうかわかりませんが、電車に乗ってて人前で化粧ができるとかは世間が崩壊した例の一つだと思うんです。

まあ人が見てても、人だと思ってなければ何やってもいいわけです。そういう点で自己チューは、もともと世間に必然のもので、これが今非常に増えている。これは対話が成り立たなくなる大きな原因の一つなんです。この人たちは人の話を聞かない。仲間内の会話しかできない。当然なんですよ。

(4) 学級委員会方式が民主主義だと思っている

もう一つ四番目に「学級委員会方式が民主主義だと思っている」という課題がありま

す。学級委員会民主主義というのは、つまり論理的で声が大きい強者が勝つという民主主義なんです。

これは一応論理が優先されています。非論理的でも声が大きければ勝つという危険性ももちろんありますし、実際にはそういう例も多いですが、そういう点でもともと権力のある人、声の大きい人、そしてある程度論理的な人の方が優位に立つという民主主義です。それ以外の技術がないということです。これはやっぱりものすごい欠点で、この限界を超えなきゃいけないのですが、このことに支配されているために他の方法を誰も考えないんです。これからは、声の小さい人、非論理的な人の発言も意味があるという場のあり方が求められています。

人間の三つの類型

この「学級委員会方式の民主主義」の問題点について考えるために、コミュニケーションに関わる人間のタイプを、ある編集者がつくった例で考えたりしています。「辞書構造型」というのと「文脈物語型」「雑誌点滅型」、この三つです。類型化って、一つのコミュニケーション技術ですね。血液型なんていう、あまり根拠のない類型化もありますが。

「辞書構造型」っていうのは頭のなかが百科事典みたいになっていて、「A」といえばパッとその項目のページ開いて、すぐ答えがでてくるような人。つまりかなり論理性が高くて物事が整理されて、俯瞰することができて、項目と項目の関連づけができるっていうタイプのことです。そういう論理性の高い人を「辞書構造型」というんです。頭脳が「構造化されている」ということです。

「文脈物語型」って、よく周りにもいると思うんですけど、何か話し出すと朝起きて歯を磨いたことからずっと順番に喋らないと今の話がでてこないみたいなタイプの人です。いるじゃないですか、話が長くて、最後に行くまで五分くらい話を聞いて初めて「今何をいいたいか」がわかるタイプの人。整理して喋れないタイプで、ずっと時間軸に沿って喋るというタイプです。これが「文脈物語型」。

「雑誌点滅型」っていうのは、雑誌みたいにいろんな無関係のことがバラバラに入っていても、それを何とかつないで話して、飛んだり行ったり来たりができるようなタイプの人なんです。

そして「辞書構造型」の人は近代社会で支配的なんです。「文脈物語型」というのは、実はユーカラの世界じゃないですか。つまり先住民型なんです。ユーカラってそうでしょう。先住民の方と何度かお話したんですけど、やっぱり文脈物語型の人が非常に多いわけです。物語ることによって何かを伝えてる。まさに物語というメディアを使っているわけです。方法がそれしかないかも知れない。整理をしたり論点を取り出したり構造化したりということはあんまり得意ではないです。女の人は結構これが多いです。近代社会というのは「辞書構造型」の人は支配階級、「文脈物語型」の人は被支配の立場とか冷や飯を食うという社会なんです。圧倒的にそうなんです。学級民主主義で勝つのは「辞書構造型」なんです。「文脈物語型」の人は喋ると「何いってんのかわかんねーぞ」と言われるわけです。単に野蛮で声が大きいっていうやつもいますけど、基本的にはそうなっちゃう。そして「雑誌点滅型」っていうのはおそらくポストモダンなんだと思うんですが、その両方とコミュニケーションできる。

ある時突然この違いに気づいて、自分は「雑誌点滅型」なんだとわかったんです。もともと「辞書構造型」だったのかも知れないんですが、実はユーカラ型の人がたくさん友だちにいるんですね。女の人とか。八〇年代の後半に『ホピの予言』という映画がありましたが、あの映画の全国上演会をやったときに、あの映画に感動して実行委員会やった人たちってだいたい「文脈物語型」なんです。喋ってると時間ばっかりかかるんです。用件がなかなかわからない人がものすごく多かった。従来の市民活動のなかでもピラミッドはあるわけで、やはり論理的な人の方が勝つわけです。それはまあ当然です。ボクなんてそういうところにいったら勝っちゃうわけです。ところがその「文脈物語型」の人が『ホピの予言』の運動で全国にでてきたんです。どこへ行っても『ホピの予言』の上演会やった人は文脈物語型が多いんです。なんか感応するのでしょうね。そういう人と私はそのとき以来いろいろ喋れるようになったんです、昔はイライラして喋れなかったんですけど、今は大丈夫なんです。

「辞書構造型」の人は「文脈物語型」の人と話すとイライラしてしまうんで、「文脈物語型」の人を抑圧しちゃうんです。それで「あ、なるほどな」と思って、つまり学級委員会方式っていうのは近代社会そのものなんで「辞書構造型」の人が勝っちゃう。それではないコミュニケーション技術、さっきいったネイティブアメリカンのコミュニケーション技術だとかが必要で、「文脈物語型」の人が発言をして、ちゃんとその価値を認められるような場づくりとか、あるいは雑誌型でもいいんですが、そういうことをつないだり、そういう場が用意できないと、今までのコミュニケーションの限界を乗り越えられないわけです。つまり、学級民主主義の限界というのが近代社会のコミュニケーションの限界なんだというふうに、私はコミュニケーションの問題について思っているんです。

この四つの課題を総合的に乗り越えるための方法を考えるということが恐らく重要なんじゃないかなということです。

話せばわかるか

コミュニケーションをすれば、なんでも比較的簡単に理解できるという思い込みもあります。「話せばわかる」っていうじゃないですか。あんなウソはないですね。いくら話したってなかなかわからないということを前提にしないとならないと思います。「話せばわかる」っていうのはおかしいのです。「わからない」ということを前提にするというのはすごい大事で、さっきの中学生もそう言っていましたが、子どもの方がよっぽどわかっているんです。感想で「自分としての感じ方で、他の人にはまた別の感性があるということが、自分と他人の違いだと感じた」と書いてあるわけです。つまり、自分のようには人はものを考えないんだという、絶対的な他者が存在をして、そこからコミュニケーションが始まるんだから、「話せばわかる」なんていうのはこの当たり前のことを否定しているわけです。私はこれは幻想だと思うわけです。だからいろんな子どもの問題とか、トラブルが起きたときに、よく有識者と言われる人たちが、「話せばわかる、対話をしなさい」というじゃないですか。あんなに軽くてインチキ臭い言葉はないと思うわけです。恐らく、その違いの前に絶句して立ちすくむような違いが、今子どもと大人の間に起きているにもかかわらず、教育評論家とかは簡単に「対話をしなさい」ということを言うことが非常に多いわけです。

彼らは「なんで今、対話が成り立たないのか」ということを分析していないわけです。

私は、四つのこれだけのことがあって、コミュニケーションの障害が立ちふさがっているからこそ、対話がこの社会のなかでは成り立っていないし、だからこそそこには場の技法なり技術が必要だし、ファシリテーターが必要だと考えています。それこそ自覚的にコミュニケーションを作り出すとか、そのためのツールを考えるとか、あるいは先住民から学ぶとか、そういうことを総合的に考えて実行していく。なにか一つの技術だけで足りるわけではなくて、トータルに考えたときに、何が私たちのコミュニケーションに欠落をしているか、何を抑圧してきたかということに気づいていく。あるいは日本の特徴である「世間」ということに対してボクらはどうしたらいいかとか。そういうことを全部考える必要があるんだろうと思っています。

そういう意味で「対話しましょう」とか「子どもたちと話し合いましょう」と、学級が荒れていると必ず言うじゃないですか。聞くだけで刺したくなりますよね。それはやっぱり、ナイフで刺した子どもの方はそれしか言葉がなくなっちゃっているんですよね。それに対して「対話をしましょう」っていうのは、言葉が届いていないわけでしょう。でも、一方、相手のナイフもその評論家に刺さっていないと思うわけです。たまたま近くにいた、すぐそばの人に刺さってしまった。それがどれほどその子にとって苦しい状況なのか。恐らく無神経な教師が、まったくわからないまま「対話しよう」と言っていたのかも知れないじゃないですか。そういうズレが暴力や何かを引き起こしていると思うんです。僕はそういうのをみていると涙がでるほど悲しいし、新聞なんて「おまじないの言葉」が溢れているじゃないですか。そういうことが起きるたびに、ずっとそうだなと思っていたんです。そういう事件のためにおまじないの言葉でコメントする人間にはなりたくないと思っているんですけれど。

組織の中のコミュニケーションの工夫

今、日本の市民組織が、初めてマネジメントということを自覚しつつあるんです。今までだったら号令かける人がいて、どんどん走っていく以外にない。マネジメントという状態に到達していなかった。それが市民組織も法人が作れるようになって、社会的にも透明性が求められ、「あなたの団体の目的はなんですか」「成果はなんですか」というふうにはっきり言われるようになってきて、少なくても経営をするっていうことを自覚をすることで組織がちゃんと伸びていくんだということが初めて定着しているんです。するとマネジメントを考える。人やモノや金や何かのやりくりを考えるということに初めてなったわけですけれど、一番そういうときにも障害になりやすいのは、マネジメントを考えましょうと一人がいったときに、他の人が思わないと伝わらない。必要性が伝わらないと変わりません。それで講座に複数ででていただくということをしています。一人じゃ絶対にその団体を変えられないというのは事実です。何人かの人が「こういうことが必要なんだ」「うちの団体はどうも目的があやふやで何でもやってたから、絞って目的をはっきりさせることがまず必要だ」と思ったら、そのことを団体に帰って人に説得するのができないといけないので、一人じゃあなかなかできないから複数でやりましょうということからやっているんですね。経営ということに関する共通言語を持つ必要があるのです。

コミュニケーションがうまくできなくて淀んだりというのがありますね。よく組織が淀むじゃないですか。強いリーダーがいるとそうなります。その人が全部押さえちゃうということが起こります。そういう意味で、リーダーが司会進行している会議っていうのはダメです。そのときにファシリテーターが一人生まれて、リーダーもその中で相対化されるような立場でかつ、皆が充分喋らないうちにリーダーが結論を言ってしまうということを避けるようなファシリテートができるようになると、団体は議論がちゃんと活性化して、場合によってリーダーが首になるかも知れませんが、確実に成長する。組織力が上がるわけです。

だからそういう場づくりがグループの活動の中でも組織の中でもいろんな各級の会議のレベルでできるようにならなくてはいけない。会社でも何でも一緒だと思うんですが。特にNPOの場合は、給料と命令で動いていないわけですから。ということは納得でしか動かないことになると、さまざまな会議のレベルやポジションで、納得を作り出す必要があるわけです。それは感情のシェア（共有）というレベルも含めて、適切な場づくりができないと非常に難しいんじゃないでしょうか。論理でだけで行くわけにもいかないし、論理性がないとどうしようもない。そういうことが規模が大きくなればなるほど迫られるということになります。マネジメントの講座の中では「グループコミュニケーション」ということをテーマにして、どういう障害がありますかということを聞きながら具体的に解決しようとしています。

たとえば会議中にどんどん脱線してしまうような、わけがわからなくなる会議が二時間あるとしたら、最初の三〇分をとにかく一人一分とか決めて、「チェックインスピーチ」として、その日気になることとか最近気になっていることを自由に喋ってもらうんです。言いたいことを皆もってくるわけですから、それを三〇人いたら三〇分間、反論も何もなしで全員が喋る時間をつくるんです。そこでもいくつか重要な議題にすべきことがでたりします。それを押さえておいて、その後の一時間半をちゃんと会議をするというふうにするだけで、恐らく会議全体がごちゃごちゃすることは避けられるわけです。「私が最近気になっていることは…」みたいなことを最初に喋っちゃっていいですと。それで成功している団体があります。けれど実際には、ずっとうまく会議や話し合いができていないのに、手だてを考えないということが多いんです。そのときに会議というものの枠組みの方をいじったり、つまり方法とか技術で変化させるということができるといいのです。それがあると場は変わるわけだから。実は、やり方とか方法は習慣化されているから意識するのが難しいんです。

他には、普通にやっているのはホワイトボードに模造紙はっておいて、とにかく発言を順番に記録して、参加者の目に見える形にするということを提案しています。アメリカのNPOの事務所に行くと必ず壁かイーゼルにそういう紙の束が貼ってあります。「今あなたが言ったことはこういうことですね」と確認ができると、それを見て次の人が喋るわけだから、話がメチャメチャにならない。言ってないことを批判されたりしない。それだけでずいぶんトラブルが減ります。全員が言ったことが記録されているということが、次のステップに行くためにはすごく重要だということです。

そういうことを「情報共有には技術が必要である」ということで、私は五つのポイントを上げています。一つは「なんのための作業をやっているかはっきりさせる」、つまり集まる目的を明確にする。テーマや課題は何か、いつまでにどういう結論を求められているのかというようなことです。二つ目は「参加者の声を、皆の目に見える形に記録する」。それから三番目が「時間を平等にする」「発言の機会や順番を平等にする」。四つめは「他人の発言をよく聞く」、そのためには技術が必要である。五つ目が「ファシリテーターを置く」。この五つくらいのことを会議でできるようになると全然違いますね。ビジネス書にある会社の会議のやり方には、あまりこういうことは書いてないんです。近代的な会議のやり方や学級民主主義方式が多い。最近はこういうものも増えてきましたけど、読むだけではできるようにならないんで、このようなことを体現できる人、ファシリテーターをせんだい・みやぎＮＰＯセンターでは養成することをしています。

問題提起する人とファシリテーター

ファシリテーターというのは、場から一歩引いてファシリテーションしているということと、一参加者として場の中で発言をしているということを、自分の中できちんと区切りをつけながら両方に参加をするとか、かなり自覚しないといけない。そういう切り替えが効くような人でないと難しいかもしれません。「雑誌点滅型」は向いているかな。ずっと外側にいればいいかというとそうでもないんです。皆の議論を深くする意味では、ファシリテーター自身が集中して聞き役になったり、発言でも深い発言をはっきりするほど、参加者がきちんとそれをするという側面が、特に心理的なケアを必要とする集まりでは必要なんで、そのプロセスでは一参加者としても深く場と関わっていないとダメなんです。一般的にはファシリテーターは、場の外にいて全体を見ていて参加しないのが大事なんだというのが、今までは言われていたんですが、わたしは人間の感情面とか心理面を一緒に考えると、そういうふうに簡単に切り離したんでは観察者になってしまう。観察者になると同時に、実はその場に本質的には「いる」ことが体現できる、身体からそれが見えるみたいなことが同時にできないといけないのかなと思っています。より高度なファシリテーションはそこまで必要なのかなと思っています。

ファシリテーターになる資質は？

ファシリテーターになる資質はあるんだとは思うんですけどね。どういうことに注意すればいいのかと考えると、自分の立場に固執しない。意見とかでも、要するにバランスが取れていないといけない。特定なことを頑固に主張するタイプの人は難しいです。人の意見が聞けて、それにはこういういいとこがあるというのがわかる。日常でもある程度そういうことが体現できている人の方がファシリテーターには向いてます。ニュートラル性というのは、そういうところがありながら自分の意見も持っている。あることにははっきりした意見はもっている。これもあいまいな人はダメですよね。意見のない人はダメです。意見はあるんだけど、自分のことも相対化して見ることができるということですから。参加者の一人のように自分も扱えなきゃいけないわけです。

人は、自分と同じことを他人に確認して喜ぶ

差別に関わる市民活動をいくつかしてきたので、まず「差別ではなくて排除があるだけだ」ということを思っているんです。基本的に人は、自分と同じことを他人の中に確認して喜ぶという性質をもっています。自分と同じものを相手に発見して「ああ一緒なんだ私たちは」ということで喜ぶということは、同質性を確認した瞬間に、何か異質なものを意

識から排除しているんです。同質性の確認によって人は共同性をつくっているわけですから、「あんたと私はこれが同じね」といった時に、一瞬にして違ったやつがその関係から排除されているということを無意識にやっているんです。そう考えると社会の差別問題っていうのはなかなか簡単にはなくならないと思うんです。根本的にはこれが原因にあるわけです。人間は異質性の中で同じものを発見し合うことで仲間をつくって喜び合うということを繰り返しているわけで、それによって共同体や集団、組織ができるわけです。そうするとコミュニティだろうと運動だろうと、あらゆる人間の集団は排除を秘めている。同質性の確認ということが、常に排除を秘めているんです。私はその時に、自分の中の他者をどうやって発見するかということが問題になってくると思うのです。たとえば自分が排除した「自業自得の」エイズ患者というものが、可能性として私の中に生きていると想像することです。自分とは別な立場にいる彼らを追いやっている立場に自分がいるということ。つまり異質性を自分の内側に発見する。異質性を他人の中に発見してそれを排除するのではなくて、自分の中に発見してそれを受け入れるというプロセスを見つけないと、永遠に同質性を発見して異質性を排除するという構造から、悪循環から、人間は自分を相対化できないのかなと思うんです。だから、エイズ問題だったら、自分のよって立つ場所としての自分の中の感染者のようなものが、その中で発見できるかどうか、それとも自分とは絶対関係がないことと思うかどうかでしょう。自分の中の異質、つまりこの社会が排除しているものを自分の中に発見するというのはなかなか難しいんです。通常は皆が排除しているものなので、それを見ないようにしていますから、自分では気づかない。そこから、差別というのは、直接エイズ患者を指さして差別しているということはほとんどなくて、そういう人がこの社会に存在しないように私たちが行動している、排除しているということが問題なんです。

たとえば、このお茶碗を共用して飲んだら、エイズが伝染るという冗談がかつて言えたのは、エイズ患者というのは目に見えないからです。ですからどこにもいないので、そんな人は自分の周りには絶対「いない」と思っているから、そういう冗談が言えるわけです。ゲイの人をオカマだなんだと言ってバカにできるというのは、目の前の人がゲイかもしれないと思っていないからです。テレビでもその番組をゲイの人が見ているとは思わないから、いくらでもバカにできるんです。差別っていうのはそういう問題です。つまりその人の意識から排除されてて、その人は存在しないことにされて、社会関係上、排除されている人が、傷ついたり苦しんだりしていくという構造をつくっている。自分の中での異質の排除とか、そういうことをしている自分とか、排除している自分の中の嫌らしさとか、そういった自分のダメな部分を発見し、気づくこと。そういうことをやれないと、差別の問題というのは解決に向かわない。これがエイズ問題を一〇年くらいやってきて感じていることなんです。

人は自分が見えない

このワークショップやコミュニケーションということで一番思っているのは、人は自分が見えない、自分が排除しているものは見えないということです。それを見せてもらうのは、実は異質な他者からのチェックや指摘である。それは指摘されると自分が傷ついたり、とても嫌だったりします。自分が排除しているものですから、自分の中にそれがあるよと言われたら腹が立ったりするわけです。そういうことを通してしか、人というのは自

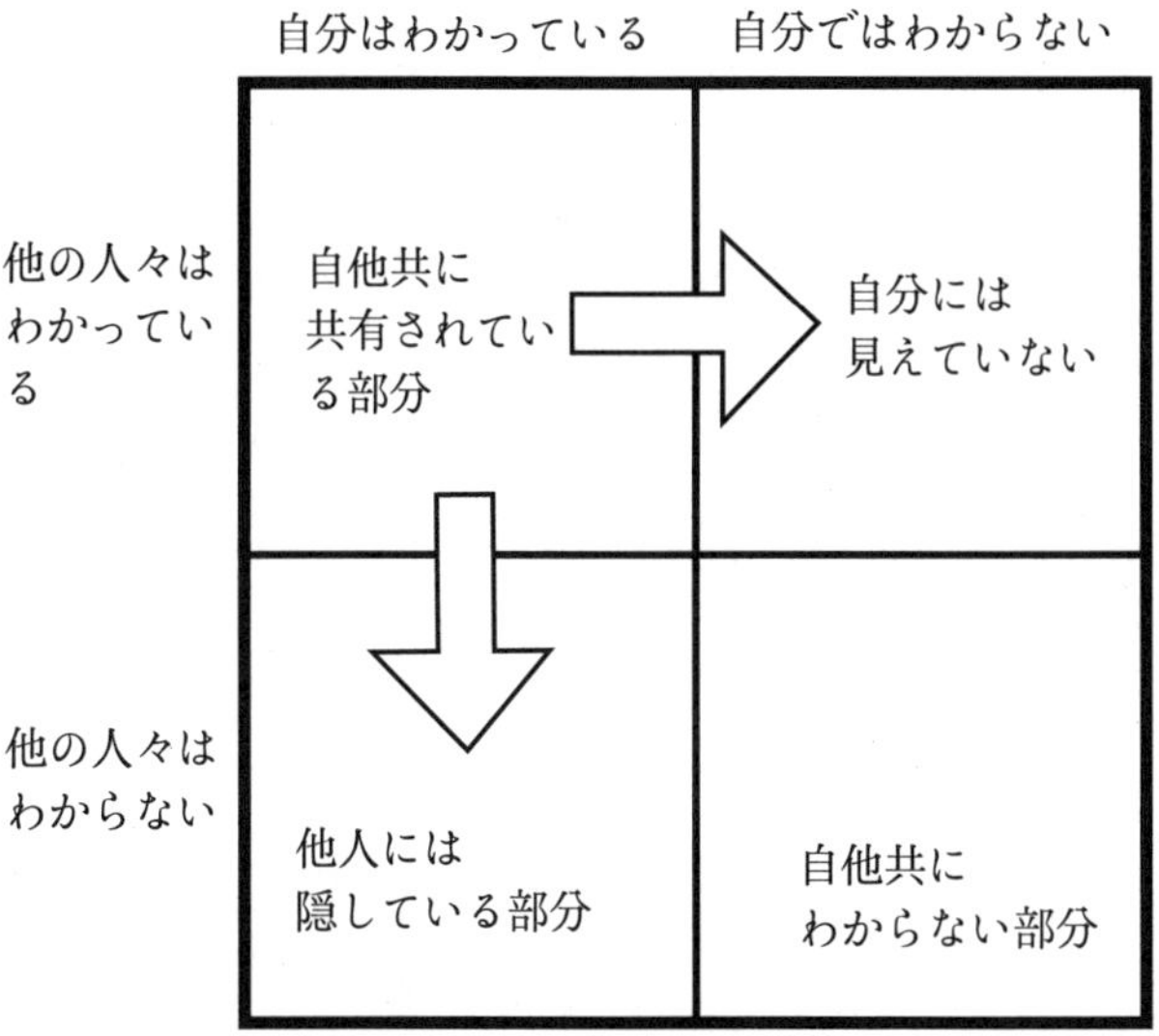
自分はわかっている
自分ではわからない
他の人々はわかっている
他の人々はわからない
自他共に共有されている部分
自分には見えていない
他人には隠している部分
自他共にわからない部分

ジョハリの窓

分に気づかないんだろうと思います。自分のことを自分が一番よく見えていないという状態なので、そこを発見していくような場とコミュニケーション、お互いに自分で自分のそういうことに気づくような異質な他者とのコミュニケーションというのをテーマに考えています。

だから、どうしたら人が集まって「私たち同じなのね」という同質性を確認するネットワーキングではなくて、異質なものと出会って、その中で見えない自分を発見するネットワーキング。再発見して、自分の幅が広がるわけです。これは「ジョハリの窓」という話があるじゃないですか。つまり自分がわかっている自分の他に、自分のわかっていない自分があるわけです。さらに他者にわかっていない自分と他者にわかっている自分があります。自分にわからない自分があるから、自分がわからないものは他者からみて指摘してもらわないと自分のわかる領域が広がらないんです。

恐らくコミュニケーションというのは、そういう問題を顕在化させるために、つまり違うからこそ人間にとって必要なんだと思うんです。そうでなければ人間は同質性のまどろみの中で生きていくのです。同じだということはコミュニケーションではないんです。同質なものを確認し合うということはコミュニケーションではなくて、同義反復しているだけなんです。「あなたはあなた、わたしはわたし」と言っているだけなんです。そういう集団というのは、なんの自己発見もないわけです。人間はどうしてもそういう集団に安住しやすい。同質の集団にいる方が楽です。でも、私は人間は動物とは違って、遺伝子とか文化にインプットされた本性に逆らうというか、それを対象化し、それとは違う行動をとることが人間という存在の本質に潜んでいるんじゃないかと思っています。差別問題というのはそこに絡むのかなと思っています。私たちは何を排除しているのかということに常に気づいていく。恐らくそういうものがたくさんあるんだと思うんです。

これは息子さんをエイズでなくしたお母さんと話をしていて直接聞いた言葉です。「息子を亡くしたということはもちろん悲しいことですが、エイズと出会ったことで本当によかったことがある。それまでの私は世間体とか道徳とかに縛られて、仮面をかぶって生きていました。自分の中に性的な欲望があることも素直に認められるようになり、自分のだらしなさも許せるようになってからは、夫に対する考え方も変わりました。前だったらきっといつも夫を責めているような妻であったと思います。」これはこの人の中で排除をしていた、性的な、道徳的な価値観みたいなもの、何かを押さえ込んでいたわけですけど、たまたま息子が、性的なことで社会から揶揄されるような病気になってしまったために、そのことに直面せざるを得なくなったわけです。そのことによって、彼女はそこから逃げなかった。自分が排除してきたものを自分の中に発見したんです。

薬害エイズという起きた事件とその後始末の問題とは別に、そのことに関係した一人の人間の中で、こんな事が起こっていたということなんです。私はここに何かのヒントがあるんじゃないかと思っているんです。異質なものを発見し合うようなコミュニケーション、それは痛みを伴うコミュニケーションですが、人間は傷つけ合わないなんていうことはあり得ないということです。迷惑をかけ合うし傷つけ合うんだということです。コミュニケーションということは、オブラートにくるんだようなものではない。深いところに降りてコミュニケーションするということはそういうことです。だからこそ、このことは人を変容させるし、新しくさせるし、蘇らせるわけです。そういう言葉とかそういう関係とかをいろんな社会の関係の中で、さまざまに紡ぎ出す必要があるんじゃないか。いつもできているわけではありませんが、自分ができなくてもどかしいからこそ、そういうことを求めているということなんです。

コミュニケーションを考えるための参考文献

「演劇入門」──平田オリザ　講談社現代新書
「エンパワーメントの鍵」──クリスト・ノーデン・パワーズ著　実務教育出版
「NPO　その本質と可能性」──加藤哲夫著　せんだい・みやぎNPOセンター
「会議の技法」──吉田新一郎　中公新書
「会社人間、社会に生きる」──福原義春　中公新書
「覚醒のネットワーク」──上田紀行著　カタツムリ社
「近代の労働観」──今村仁司　岩波新書
「芸術立国論」──平田オリザ　集英社新書
「心でっかちな日本人」──山岸俊男著　日本経済新聞社
「サヨナラ、学校化社会」──上野千鶴子著　太郎次郎社
「社会起業家／「よい社会」をつくる人たち」──町田洋次　PHP新書
「社会的ジレンマ／「環境破壊」から「いじめ」まで」──山岸俊男　PHP新書
「『社会調査』のウソ／リサーチ・リテラシーのすすめ」──谷岡一郎　文春新書
「『世間』とは何か」──阿部謹也　講談社現代新書

「〈対話〉のない社会」――中島義道　ＰＨＰ新書
「対話のレッスン」――平田オリザ著　小学館
「誰のための仕事」――鷲田清一著　岩波書店
「知的生産の技術」――梅棹忠夫　岩波新書
「知の編集術」――松岡正剛　講談社現代新書
「人間交際術　コミュニティ・デザインのための情報学入門」――桂英史　平凡社新書
「フラジャイル」――松岡正剛著　筑摩書房
「紛争の心理学」――アーノルド・ミンデル　講談社現代新書
「ボランティア／もうひとつの情報社会」――金子郁容　岩波新書
「まちづくりの実践」――田村明　岩波新書
「民族とは何か」――関曠野　講談社現代新書
「無責任の構造／モラルハザードへの知的戦略」――岡本浩一　ＰＨＰ新書
「メディア・リテラシー」――菅谷明子　岩波新書
「ワークショップ」――中野民夫　岩波新書
「ワークショップを使って」――加藤哲夫他共著　日本青年奉仕協会

あとがき

こういう本を出すことになって、ちょっぴり後悔している。なにしろ、書いてあることは、この十数年やってきた身近にいる人たちとの関わりだから、お前、違うぞ、と声がかかるかもしれない。お前こそ、どうなのか、と問われるだろう。だからハラハラしている。書くという行為は、たちまち自分にはねかえってくるものだ。ましてや、コミュニケーションをテーマにしたものなのだから、なおさらである。その場で、うまくいかなかったことや、失敗したこともある。「日本語」でのやりとりに失敗したり、行き違ったりの繰り返しの毎日である。だから、どうにも面はゆい部分があることを正直に告白しておこう。ただ、私自身の経験の中で、編み上げてきたものはあるし、考えを進めることができた部分は必ずあるはずだ。市民の間、市民と行政、市民と企業のコミュニケーションは今大きく変わりつつあるのは確かなのだから、それを議論する題材を作ろうというのは編集者である松本さんとの共通の認識である。この本は、今までのコミュニケーションのあり方を批判する本ではなく、これからのコミュニケーションのあり方を模索する本であると思ってほしい。ひつじ書房の松本さんの催促がなければ、ここまでたどりつくことはできなかったろう。感謝したい。

一八世紀のイギリスはロンドンで、カフェやサロンにおける人間交際や議論が、イギリスにおける「公共性」の形成に寄与し、都市における新しい政治行動やメディアをつくりだしたことがわかってきた。日本の中世においても、例えば「笠着連歌」と呼ばれる宴の場では、人々は笠を着て、身分や名前を隠し、無縁の世界に参加することで、平等な宴の共同体を形成していた。ここでは、自分の存在を「無縁化」することで、人々が「公共性」を獲得するプロセスがあった。今、多くの市民活動の現場で起きていることは、企業の役職や役所の立場を離れて、あるいは誰かの嫁であるや妻であることから離れて（無縁化して）、人々が新しい関係を結び、公共性を自覚した市民になるということが起きている。そこでは、旧来の社会関係（有縁）の支配下にあるコミュニケーションではなく、新しい関係にふさわしいコミュニケーションが必要とされ、生み出されている。そこから社会全体のコミュニケーションが変わっていくはずである。この本は、その現場からのささやかな報告と受け取ってほしい。

この本は、松本さんと私が、JCAFE（市民コンピュータコミュニケーション研究会）というNPOで出会ったことから始まった。言語学という私には縁のなさそうな出版をされているということだったが、話をしていてすぐに問題意識にたくさんの共通性があることがわかった。私のやってきたワークショップや市民活動の中のコミュニケーションに関する試みについての話で本を作ろうということになった。それから二年近くかかってしまったのは、ひとえに私の忙しさのせいである。

私は今、年間で百二〇回ほどの講演や講座、ワークショップなどを行なっている。それに二〇人もの人が働くＮＰＯの支援組織を経営している。その活動の中で日常的に感じていることを具体的な言葉にしてみた。うまく何かが感じられる言葉になっていればいいが、あまり自信はない。けれど、書いていて一番力になったのは、エイズの話をしたときに子どもたちが書いてくれた感想の言葉だった。大人になった私たちが忘れかけている言葉がそこにある。私はそれらの言葉に勇気を得て、この本を書いた。だから、この本に少し光るところがあるとすれば、それはきっと子どもたちの力である。

私は、小さな出版社、エコロジーショップ、エコロジー事業家たちのネットワーク、HIV関連のNPO、そしてNPO支援センターなどの経営と蛸足配線のような生活をしている。この本の出版を機に、いくつかの蛸足配線を整理して、NPOの仕事を中心に再出発することにした。そういう意味で、この本は私にいいきっかけを与えてくれた。
私を支え、育ててくれたすべての皆さんに感謝したい。

加藤哲夫

2002年4月

ひつじ市民新書発刊の辞

私たちは、新しい時代にいる。
新しい時代にあった知恵と知性を生み出したい。
ナレッジコミュニティを目指して、
「ひつじ市民新書」を創刊する。

［ひつじ書房］
松本 功
松本久美子

加藤哲夫（かとう・てつお）
［略歴］1949年福島県生まれ。広告代理店を経て宝石貴金属卸業を営む。1981年に出版社「カタツムリ社」を設立、1985年には、エコロジーショップ「ぐりん・ぴいす」を開店。1986年からエイズ問題、1992年より市民エコロジー事業のネットワーク化に取り組む。近年は、NPOによる新しい市民社会のシステムづくりに取り組んできた。1997年11月には、NPO支援センターである「せんだい・みやぎNPOセンター」を設立。全国を飛び回り、さまざまな人々をつなぎ続けている。
［現職］日本NPOセンター理事。せんだい・みやぎNPOセンター代表理事・常務理事。東北HIVコミュニケーションズ顧問。カタツムリ社代表。
［主な著書］『加藤哲夫のブックニュース最前線』（1998 無明舎出版）、JYVAブックレット『ワークショップを使って』（共著 2000 日本青年奉仕協会）、『一夜でわかる！「NPO」のつくり方』（2004 主婦の友社）、『市民のネットワーキング　市民の仕事術Ⅰ』、『市民のマネジメント　市民の仕事術Ⅱ』（ともに2011 仙台文庫）
［ブログ］蝸牛庵日乗　http://blog.canpan.info/katatsumuri/
［連絡先］せんだい・みやぎNPOセンター　http://www.minmin.org/
minmin@minmin.org

ひつじ市民新書001
市民の日本語　ＮＰＯの可能性とコミュニケーション

発行――2002年9月17日　初版1刷
2011年8月11日　3刷
定価――695円＋税
著者――©加藤哲夫
発行者――松本 功
装丁者――中山銀士
印刷・製本所――三美印刷株式会社
発行所――株式会社 ひつじ書房
〒112-0011　東京都文京区千石2-1-2 大和ビル2Ｆ
Tel.03-5319-4916　Fax 03-5319-4917
toiawase@hituzi.co.jp　http://www.hituzi.co.jp/
郵便振替 00120-8-142852

ISBN4-89476-166-1　C0081
ISBN978-4-89476-166-7
Printed in Japan